勘，悉從軍令。歷舒、衡二州太守，致仕。有韓柳文音注、編年六朝事迹、衡陽圖志行於世。卒，附祀朱文公家廟。

與張敦頤「友善」的朱松，字喬年，號韋齋。政和八年進士，歷官司勳、吏部郎，後出知饒州，未上任，卒。他是南宋著名理學家朱熹的父親。朱松原籍婺源，寓居福建崇安，曾官南劍州尤溪尉，其時張敦頤亦在南劍州任教授，因同鄉同僚的雙重關係，朱松與張敦頤相從莫逆。但張敦頤爲朱松贖田以及其卒後附祀朱文公家廟等事，韋齋集和朱文正公集均未提及，故詳情難以考知。

康熙徽州府志所云編年六朝事迹，即六朝事迹編類，於紹興三十年刊刻建康府學，其自序結銜爲左奉議郎充江南東路安撫司幹辦公事，這一仕履，康熙徽州府志没有記載。

張敦頤的著作除六朝事迹編類外，還有韓柳文音注及衡陽圖志。後者約爲張敦頤知衡州時所作，惜今已不傳。另康熙太平府志卷三十九有張敦頤清隱院詩一首，厲鶚宋詩紀事已收。

張敦頤有弟敦實，登紹興五年進士，歷任監察御史。後遷樞密院詳諸房文字，兼直慶

點校説明

一

六朝事迹編類十四卷，宋張敦頤撰。

張敦頤，宋史無傳。直齋書録解題卷八云六朝事迹，「不知何人作」？陳振孫僅稍晚於張敦頤，竟不知六朝事迹的作者，可見其仕宦之不顯。今天能見到張敦頤的最早史料是清康熙徽州府志，其傳如下：

張敦頤，字養正，婺源游汀人。登紹興八年進士第，爲南劍州教授。與朱韋齋松友善，嘗邀韋齋還鄉，不果，爲贖其質田，以歸其子熹。陞倅宣城，攝郡事。先是，郡奉朝旨汰養老之卒七百人，一日，以不給麥，羣譟庭下。敦頤好諭之，即敕吏曰：「即州倉無麥，常平倉麥代之。」衆謝而退。因密疏爲首者七人姓名白之省，有旨委池州追

圖書在版編目(CIP)數據

六朝事迹編類/(宋)張敦頤撰;張忱石點校. —北京:中華書局,2012.2(2025.3 重印)
(中國古代都城資料選刊)
ISBN 978-7-101-08190-9

Ⅰ.六… Ⅱ.①張…②張… Ⅲ.南京市-地方史-六朝時代 Ⅳ.K295.31

中國版本圖書館 CIP 數據核字(2011)第 186475 號

特約編輯:李　靜
責任編輯:王志濤
封面設計:周　玉
責任印製:管　斌

中國古代都城資料選刊
六朝事迹編類
〔宋〕張敦頤 撰
張忱石 點校

*

中華書局出版發行
(北京市豐臺區太平橋西里 38 號　100073)
http://www.zhbc.com.cn
E-mail:zhbc@zhbc.com.cn
三河市宏盛印務有限公司印刷

*

850×1168 毫米 1/32 · 8½印張 · 2 插頁 · 128 千字
2012 年 1 月第 1 版　2025 年 3 月第 3 次印刷
印數:4501-5500 册　定價:35.00 元

ISBN 978-7-101-08190-9

中國古代都城資料選刊

六朝事迹編類

〔宋〕張敦頤 撰
張忱石 點校

中華書局

王府贊讀。著有潛虛發微論一卷。

二

在六朝事迹編類成書之前，有關建康的地記圖經已屬不少，通志藝文略載有金陵地記，太平御覽、太平寰宇記並引有建康圖、金陵圖、金陵圖經、江寧圖經等，爲什麽張敦頤還要撰寫六朝事迹編類呢？我們認爲他有兩個目的。

建康爲六朝故都，六朝古迹遺址，遍布江東，但至宋已有不少史迹瀕於湮廢，難以覓求，方志圖經也因而以訛傳訛，真僞莫辨。張敦頤僑居建康日久，又精熟六朝故實，對此深有所感，他説「余因覽圖經、實録，疑所載六朝事迹尚有脱誤，乃取吴志、晉書及宋、齊而下史傳，與夫當時之碑記參訂而考之」。由此可知，保存六朝事迹，訂補方志圖經的缺誤，是他撰寫六朝事迹編類的第一個目的。

張敦頤還有另一個目的，這與他主張定都建康有關。

靖康之難後，宋室南遷，建都何處，衆議紛紜，尤以建康、臨安兩地爭議最大。直到紹興三十年，定都臨安已成定局，但張敦頤仍主張移蹕建康，他在卷一六朝建都條中力陳定都建康理由，舉出六朝及南唐都建康則興，而「孫皓捨建業而之武昌，吴因以衰；梁元帝捨建業而守江陵，梁遂以亡；李嗣主捨建業而還洪府，南唐遂不能以立」的歷史教訓，希望高宗駐蹕建康，以礪士氣。但張敦頤又在同卷六朝保守條宣揚自吴以來南朝不可北伐，北伐必敗，即倖勝亦不能守的議和論調。張敦頤的用意是在諷諭趙構仿效孫權，建都建康，偏安江東而已。事隔三年之後，宋孝宗隆興元年，陸游也提出建都建康的主張，他説：「某聞江左自吴以來，未有捨建康他都者。吴嘗都武昌，梁嘗都荆渚，南唐嘗都洪州，當時爲計，必以建康距江不遠，故求深固之地。然皆成而復毁，居而復徙，甚者遂至於敗亡。」〔一〕同樣主張定都建康，但張敦頤的政治抱負及主張，與至死未能忘情收復中原的愛國詩人陸游相比，就顯得大相逕庭了。

六朝事迹編類凡十四卷，分總叙、形勢、城闕、樓臺、江河、山岡、宅舍、讖記、靈異、神仙、寺院、廟宇、墳陵、碑刻十四門，每卷一門，綜萃六朝三百餘年興衰故實，詳盡宏富。對於我們今天來説，存在兩方面的文獻價值。

首先，保存了六朝史和南京地方史的豐富史料。

一、訂正和補充正史。

南史宋本紀上云，宋武帝劉裕爲「漢楚元王交之二十一世孫也」。清人王鳴盛十七史商榷卷五四云，據宋書武帝紀上所載劉氏世系推算，自楚元王交（一世）順次至劉裕之父翹，得二十一世，因謂劉裕「當爲交二十二世孫，今云二十一世者，傳寫誤」。六朝事迹編類卷一宋武帝條正作「二十二世孫」，與宋書合，此可匡正南史之誤。

又如卷四樂遊苑條云「宋孝武帝大明中，造正陽、林光殿於（樂遊苑）内」，宋書、南史無此記載，顧炎武歷代宅京記、朱銘盤南朝宋會要均未提及。卷十玉晨觀條云「梁武帝天監十三年，陶弘景奏請立爲朱陽館」，梁書、南史亦無記述。諸如此類，皆可補正史之遺缺。

二、專記六朝建康古迹興廢始末，皆爲南京地方史寶貴資料。

一般公認建康實録是現存記述六朝建康古迹的最早著作，但該書側重記六朝史，古迹之類主要是注中論及，而自唐至南宋五百年間六朝古迹的興廢演變則缺。六朝事迹編類對建康周圍山川、城闕、樓臺、宅舍、寺觀、墳陵等方位里程、興廢始末均詳細記述，從而彌補了建康實録之缺。蓋其上承建康實録，下啓景定建康志，爲研治南京地方史之重要文獻。

張敦頤每條所記廣爲吸收十道四番志、南徐州記、丹陽記、太平寰宇記、江寧圖經等前人地理典籍中有關資料，排比綜考，是者摭採，非者駁正。如檀城，「圖經云在縣東八里」，張敦頤據建康實録考定「在墅城東八里，非去縣八里」。又如温嶠墓，建康實録卷七云在建康「元明二陵北，幕府山之陽」，張敦頤以晉書温嶠傳爲據，指出温嶠初葬豫章，並未遷葬，建康「建平陵北即是嶠妻何氏墓，非嶠墓也」。經考訂辨正，後人可以避免訛誤。對已湮廢難辨的遺址，張敦頤還實地考察，如六朝郊社條云「南唐郊壇，在長樂鄉，去縣十二里，遺址尚存，今爲藏冰之所」。又如臺城、石城皆云「今之基址尚在」。凡前人著述中所缺載，爲之補充，如五馬亭、雨花臺、南唐興德廟等，皆僅見於六朝事迹編類。由於張敦頤所記翔實可信，景定建康志、至正金陵志曾廣爲資取。

三、記有大量南朝道觀佛寺史料。

魏晉南北朝時期，由於階級矛盾和民族矛盾空前尖鋭，統治階級乞求於道教佛教。道教講今生，祇要誠心修煉服丹，即可白日飛昇成仙。世家大族妄圖在享受人間的奢靡腐朽生活之後，能飛天入仙，再過仙人生活。佛教講來世，希望再生能交好運，生於富貴之家。統治階級利用道教佛教作爲麻醉勞動人民，維護統治的精神支柱，故道佛兩教在南朝極爲盛行。卷十神仙門對三國吴朝葛仙翁宅的青元觀，張真人煉丹之所的華陽宫，華陽陶弘景隱居所居的第八洞宫太平觀，白仲都白日上昇的白都山等均有詳細記載，這些無疑是研究南朝道教的寶貴史料。在南朝佛教勢力更大，尤其梁代，梁武帝信佛尤甚，他幾乎佛化治國，多次設無遮大會，捨身入寺，王公貴戚也因之大多佞佛。建康四周，浮圖耀日，寶刹連雲，蔚爲壯觀。卷十一寺院門、卷十二廟宇門所録寺廟有同泰寺、大愛敬寺、法寶寺、棲霞禪寺等共四十餘處，並詳述寺廟方位里程、修建規模、變遷過程，其所記寺廟數量雖不及建康實録，但詳實有過之，明葛寅亮金陵梵刹志、清孫文川、陳作霖南朝佛寺志皆以此爲藍本，廣爲摭采。

四、保存了唐史及碑刻資料。

六朝事迹編類因記有唐代史料，後人譏其「殊失斷限」。〔二〕筆者以爲所記唐代史料如無出兩唐書之外，人云亦云，自無學術價值可言；而如其史料爲它書所無，對研治唐史不無小補的話，恰恰是多多益善。六朝事迹編類正是後者。如卷二鍾阜條云「唐大曆中，處士韋渠牟亦隱此山，號遺名子，顔真卿題其所隱之堂曰『遺名先生三教會宗堂』」。同卷石城條云「唐武后光宅中，徐敬業舉兵，使其徒崔洪渡江修石頭以拒之，敬業平，分軍三百人守之」。以上兩事皆可補唐史之缺。又如南唐李順公墓及高越墓的墓址，馬令、陸游兩家南唐書皆無，清吴任臣十國春秋取之金陵志，金陵志又取之六朝事迹編類，首載之功，當屬張敦頤之書。

書末「碑刻一門，尤有資於考據」，〔三〕史料價值最大，所録碑誌，以唐代最多，且絶大部分爲南宋金石家所未獲見，如梁永陽昭王墓誌銘、陳江總棲霞寺碑、大唐玉清觀四等碑、李白大唐正義女碑、李德裕大唐遥傷茅山孫尊師詩碑、南唐夫人易氏墓誌，陳思寶刻叢編均未著録。晉建威將軍思平縣侯竺使君銘及頌、齊侍中尚書令巴東獻武公碑、梁諸王碑、大唐高宗明徵君碑，王象之輿地碑記目亦未著録。清嚴觀撰江寧金石記所載多出古人所未見，但也不及碑刻門所録十之二、三。碑刻一門，對研治六朝史、唐史頗有參考價值，亦爲今日考古發掘工作提供了重要綫索。

輯佚是六朝事迹編類第二方面的文獻價值。

六朝事迹編類徵録自六朝至宋典籍達八十餘種，按内容可分爲三類：一地志、二史傳、三詩文。以一、三兩類最有輯佚價值。

清代有許多學者從事輯佚工作，專門輯佚地理典籍以王謨、陳運溶最爲著名。陳運溶偏重於地域，祇輯湖南方志圖經；王謨則着眼於時代，專輯漢唐地記總志。王謨輯有漢唐地理書鈔，内有顧野王輿地志。輿地志爲集漢魏以來二百四十四家地理書之大成，〔四〕太平御覽、太平寰宇記曾廣爲徵引，而文獻通考則不著録，可知輿地志之亡佚，當在宋元之際。王謨輯本據史記注、太平寰宇記等書共輯得三百三十五條，而六朝事迹編類徵引輿地志有四十條，除其中白下故城等三條與寰宇記相同，王謨已收外，其餘三十七條皆爲王謨未曾得見，今人尚可補輯，使之更爲完善。

我國方志學到了宋代，已達到空前成熟和繁榮階段，惜今絶大部分已亡佚，今人張國淦曾廣爲哀輯，其有江寧圖經輯本，據輿地紀勝、景定建康志、至正金陵志、大明一統志四書共輯得四十二條，而僅六朝事迹編類一書就保存江寧圖經佚文達五十六條（張氏誤作五十二條），此亦可見本書對輯佚地理典籍重要之一斑。

張敦頤在詳述每一古迹後，常徵録前人有關詩作，初步統計，全書徵録自六朝至宋約二十餘家近百首，其中不少爲亡佚之作。如卷二石城條有江淹侍始安石頭城詩，「開局遶天邑，襟帶抱尊華」，雖全詩已佚，僅此兩句，却爲江文通集彙注未收，僅賴六朝事迹編類得以胥傳。卷三琅邪郡城條引梁徐欽業登琅邪城詩：「表裏窮形勝，襟帶盡巖巒。登陴起遐望，回首見長安。」徐欽業，梁書、南史皆不載，其人生平已不可得知，此詩丁福保全漢三國晉南北朝詩和逯欽立先秦漢魏晉南北朝詩兩書皆未收録。六朝事迹編類徵引宋人楊修之詩最多。楊修之名備，建平人。慶曆中虞部員外郎，分司南京，上輕車都尉。他是著名西崑體詩人楊億之弟，亦善詩，「仿白體」。〔五〕由於他仕宦吳中較久，樂吳中風土之美，撰有姑蘇百題詩、金陵覽古百題詩各百首，並每首下作注，箋釋其事。楊修之詩及詩注，今絶大部分已佚，厲鶚宋詩紀事曾輯得十五首，其中汎太湖等七首屬姑蘇百題詩，另新亭等八首爲金陵覽古百題詩，六朝事迹編類則收有五十首，正及其總數之半，其詩注亦保存八條。今後編纂全宋詩，六朝事迹編類當是漁獵淵藪之一。

對於今天仍然存在的典籍，六朝事迹編類可作校勘之用，往往能訂正今本文字之訛誤。如太平寰宇記卷九〇方山下引輿地志云「姑熟西北有方山，頂方正，上有池水」。王謨漢唐地理書鈔同。六朝事迹編類卷六「姑熟」作「湖熟」。姑熟，六朝時屬南豫州淮南郡，即今安徽省當塗縣，與建康無涉。湖熟在建康西南，方山正當其西北，此「姑熟」爲「湖熟」之誤。如卷五迎擔湖條，景定建康志卷十八作「迎檐湖」。建康實録卷五及六朝事迹編類卷五並引山謙之南徐州記云「昔中宗南遷，衣冠席卷過江，客主相迎負擔於此湖側，至今名迎擔湖」。「檐」當作「擔」，景定建康志誤。

當然六朝事迹編類也並非盡善盡美，亦有疏漏之處。卷四周處臺條言周處「往見陸雲」，此事訛傳已久，最早見載世説新語自新，唐修晉書，未加考核，采入本傳，建康實録又承襲晉書。清人勞格晉書校勘記據周處及陸機、陸雲行年考訂，「處弱冠之年，陸機尚未生」，故周處往見陸雲，「未免近誣」。卷十三已考訂温嶠墓在豫章，並未遷葬建康，而卷六却云温嶠墓在建康幕府山西。前後矛盾，殊失照應。此外，由於作者思想格調不高，也影響了本書價值。在全書十四門中，卷八讖記、卷九靈異兩門所記多爲怪誕異事，無史實可言，故後人譏其「不免好奇之失」，〔六〕相反如新林、板橋、烈洲等重要史迹未收，間有繁簡失宜，取捨不當處，這也是本書的一大弊缺。

三

六朝事迹編類，宋史藝文志二作十四卷，與張敦頤自序相合，陳振孫直齋書録解題卷八、四庫全書總目作二卷。十四卷本爲每卷一門，共十四門，而二卷本即把十四卷本的第一門至第五門列爲上卷，第六門至十四門列爲下卷。由於分卷不同，其版本可分爲兩個系統。

（一）十四卷本

宋紹興刊本。紹興三十年十月刊於建康府學，書後有韓仲通叙，末頁又題建康府學開鏤及紹興年月衆官結銜。此本流傳絶少，明末馮武僅見到一至五卷，並云「宋板十行十八字」，「以下不復可得矣」。〔七〕清末光緒十二年（一八八六）上元李濱於蘇州包子丹家發現宋本全帙，惜今各圖書館藏目均未見著録，不知流落何處。

宋鈔本。道光十二年（一八三二）朱緒曾於京師琉璃廠書肆購得，書内有「棟亭曹氏藏書」、「長白敷槎氏昌齡印」，此本原爲曹寅等舊藏，今亦不知下落。

清道光刊本。道光二十年（一八四〇）張容園據曹寅等藏宋鈔本翻刻，書後有朱緒曾、張寶德跋及坿識一卷，增補和匡正六朝事迹編類甚多，頗有參考價值。此本文字幾乎與光緒刊本同，訛誤極少，爲此書最佳刊本。

清光緒刊本。光緒十三年（一八八七）寶章閣主人據包子丹所藏宋紹興本翻刻，書後有上元李濱跋。校記中簡稱光緒本。

（二）上下二卷本

明吴琯古今逸史本，商務印書館本及叢書集成初編皆據此本影印。校記中簡稱吴本。

明馮知十鈔本。由馮知十鈔定，其子馮武校勘。今藏中國國家圖書館。校記中簡稱馮本。

清季振宜藏鈔本，今藏中國國家圖書館。校記中簡稱季本。

四庫全書本，據兩江總督採進本謄録。校記中簡稱庫本。

十四卷本及二卷本皆避宋諱，「玄武湖」作「真武湖」，貞觀、忠貞，「貞」作「正」，又馮本、季本凡遇「本朝」及宋帝廟諱皆頂格書寫，可知其祖本皆是宋本或宋鈔本。這次整理以清道光刊本爲底本，與光緒本、吴本、馮本、季本、庫本相校，並同時參校了三國志吴書、晉書、宋書、南齊書、梁書、陳書、南史、建康實録、資治通鑑、李太白全集、王文公文集、太平寰宇記、讀史方輿紀要等有關史料。書中避宋諱者，出校記並改字，凡板刻避清諱者逕改。

四川大學歷史系繆鉞先生爲本書題簽，今一併致以謝意。

張忱石一九八五年九月記於北京

本書原是上世紀九十年代由上海古籍出版社出版，合同期已滿多年，適中華書局擬將本書列入中國古代都城資料選刊，爲使本書與選刊體例一致，特添加專名綫，核實標點，並編製索引，列於書後，以便檢索。

二〇一一年五月中旬又識

〔一〕陸游渭南文集卷三上二府都邑札子。

〔二〕〔三〕四庫全書總目卷七〇。

〔四〕隋書經籍志二。

〔五〕楊備事迹見中吴紀聞卷五及景定建康志卷四十九。

〔六〕朱緒曾六朝事迹編類後序。

〔七〕馮知十鈔本眉批。

六朝事迹編類目録

卷四

卷五

卷六

卷七

卷十

卷十一

卷十二

卷十三

序

建康，禹貢揚州之域，斗牛分野。在周爲吴，在春秋末爲越，魯哀公二十二年，越王勾踐滅吴。自越之後一百四十年爲楚，周顯王三十六年，楚滅越。自楚之後一百一十年爲秦。楚負芻五年，爲秦所滅，〔一〕乃周赧王時也。初，楚威王因山立號，置金陵邑。或云以此有王氣，因埋金以鎮之，或云地接金壇之陵，故謂之金陵，今石頭城是也。及秦兼諸侯，分天下爲三十六郡，以金陵屬鄣郡。故鄣爲今吴興郡是也。時望氣者云：「五百年後金陵有天子氣。」始皇東巡，乃鑿鍾阜斷長隴，以通流，改其地爲秣陵縣。秦秣陵縣，在今府城東南六十里，秣陵橋東北故城是也。漢武帝元封初，廢鄣郡，置丹陽郡，而秣陵縣不改。漢初置揚州，治無定所。輿地志云：先理歷陽，後理壽春，其後又徙曲阿。漢建安十六年，孫權自京口徙治秣陵。明年，城石頭，改秣陵爲建業。晉太康初，廢建業復爲秣陵。〔二〕愍帝諱業，即改爲建康。元帝即位，以建康太守爲丹陽尹，宋、齊而下咸都於此焉。隋平陳，廢丹陽郡，乃於石頭城置蔣州，併秣陵、建康、同夏三縣入江寧縣。唐武德二年爲揚州東南道行臺，置尚書省。輔公祏據江東，七年平，又改爲蔣州。八年罷行臺，稱揚州大都督府，領上元、金陵、句容、丹陽、溧水等縣。九年移揚州，治江都，改金陵爲白下縣，屬潤州。貞觀七年，〔三〕復爲揚州。乾元元年，改爲昇州。上元二年廢。光啓三年復，仍以上元、句容、溧水、溧陽四縣隸之，置節度使。天祐四年，楊行密據其地。〔四〕十一年城昇州，〔五〕十四年城成爲金陵府。僞吴天祚元年，號曰齊國，封李昇爲齊王，以金陵爲西都，以廣陵爲東都，後又改江寧府，昇僭位國號唐。三主在位共三十九年。皇朝開寳八年平之，復爲昇州。天禧二年，復改江寧府。建炎三年，改建康府。此金陵郡邑升降廢置之不常也。余因覽圖經、實録，疑所載六朝事迹尚有脱誤，乃取吴志、晉書及宋、齊而下史傳，與夫當時之碑記參訂而考之，分門編類，綴爲篇目，凡十有四卷。雖猥陋無益於治道，然展卷則三百餘年興衰之迹，若身履乎其間，非徒得之傳聞而已。同志之士，盍補其所未備者而傳之。紹興歲次庚辰八月，新安張敦頤序。

校勘記

〔一〕楚負芻五年爲秦所滅　「五年」原作「三年」。史記楚世家云負芻「五年，秦將王翦、蒙武遂破楚國，虜楚王負芻，滅楚名爲郡云」。吴本、馮本、庫本正作「五年」，今據改。

〔二〕晉太康初廢建業復爲秣陵　朱緒曾坿識云：「晉書地理志云『太康三年，分秣陵北爲建鄴』。太平寰宇記『晉太康三年，分淮水北爲建業，淮水南爲秣陵』。蓋二邑並置，未嘗廢建業也。」朱説是，宋書州郡志亦可證。

〔三〕貞觀七年　「貞觀」原作「正觀」，避宋諱，今改正。下不具校。

〔四〕天祐四年楊行密據其地　舊五代史楊行密傳云天祐三年楊行密以疾卒於廣陵。新五代史吴世家、通鑑卷二六五並云卒於天祐二年十一月庚辰。雖諸書記載略有差異，天祐四年楊行密已卒自當無疑，何得收復揚州諸地也。據舊五代史、通鑑，楊行密盡有淮南之地在唐昭宗乾寧二年。

〔五〕十一年城昇州　據馬令南唐書、吴任臣十國春秋徐温傳，天祐十二年徐温封齊國公，城昇州，建大都督府。此「十一年」當爲「十二年」之誤，其下亦脱「徐温」二字。

六朝事迹編類卷一

總叙門

六朝興廢

吴

大帝　即位在魏太和七年壬寅歲〔一〕

權字仲謀，姓孫氏，吴郡富春人，堅之次子。兄策爲吴侯，將死，以事授之。破曹操於赤壁，襲關羽於荆州。黄武元年四月即位，在位三十一年，年七十一，〔二〕葬蔣陵。

年號：黄武七，黄龍三，嘉禾六，赤烏十三，太元二。

會稽王　即位在魏嘉平四年壬申歲〔三〕

權少子，諱亮，字子明，母潘氏。權薨即位，至太平三年，謀誅大將軍孫綝，不克，綝黜亮爲會稽王。永安三年，孫休鴆殺之。在位七年。

年號：神鳳二，五鳳二，太平三。

景帝　即位在魏甘露三年戊寅歲

權第六子，諱休，字子烈，母王氏。亮廢，綝迎休即帝位。綝典禁兵，欲謀反，休因臘受賀，縛而殺之。永安七年七月，休薨，在位七年。

年號：永安七。

歸命侯　即位在魏咸熙元年甲申歲

權廢太子和之子，諱皓，字元宗，母何氏。休薨，丞相濮陽興、大將軍張布説太后朱氏迎皓。〔四〕即帝位，皓既得志，驕淫粗暴，誅興、布，殺景后。天紀四年，晉遣王濬舟師至建業之石頭，皓降之，舉家西遷。晉太康元年，詔賜爵歸命侯，越五年死。在位十七年，年四十三。〔五〕

年號：元興一，甘露一，寶鼎三，建衡三，鳳凰三，天册一，天璽一，天紀五。〔六〕

右吴四主，共六十二年。

吴初都鄂，後遷建業，傳世四。東據江南盡海，置交、理龍編，今安南府。廣、理番禺，今廣州。荆、理南郡，今江陵。郢理江夏，今鄂州。四州。〔七〕有郡四十二，〔八〕以建平、歸州。西陵、峽州，陸遜、陸抗鎮守。〔九〕樂郡、江陵松滋縣東。南郡、江陵。巴丘、岳州，魯肅、孫歆鎮守。〔一〇〕夏口、鄂州。武昌、鄂州縣。皖城、舒州。濡須塢、和州。牛渚圻宣州。爲重鎮，後得沔口、邾城、黄州。廣陵。自孫權破曹操於赤壁之後，時劉璋牧益州，周瑜請於權曰：「乞與奮威俱進取蜀而并張魯，還與將軍據襄陽以蹙操，北方可圖也。」

東晉 繼西晉

元帝

諱睿，字景文，姓司馬氏，西晉宣帝懿之曾孫，琅琊恭王覲之子，母恭王妃夏侯氏。妃通小吏牛氏〔一一〕生元帝，故玄石圖有「牛在馬後」。初嗣父位，永嘉初，用王導計鎮建業。西都不守，承制改元稱王。愍帝崩問至，遂即位，元年丁丑。金德，都建業。帝性簡儉，初拜貴人，有司請市雀釵，帝以煩費不許。所幸鄭夫人衣無文綵。永昌元年崩，在位六年，年四十七。葬建平陵，廟號中宗。

年號：建武一，大興四，永昌一。

明帝

元帝長子，諱紹，字道畿。母荀氏，元帝貴人。永昌元年閏十一月即帝位。元年癸未。太寧二年，王敦舉兵内向，帝乘巴滇多年切。駿馬微行，觀敦營壘。敦夢日環其城，驚曰：「此必鮮卑奴來。」帝狀類外氏，鬚黄，故云。秋七月，敦水陸五萬至於南岸，帝擊破之，敦憤惋而死。三年閏八月，帝崩。在位三年，年二十七，〔一三〕葬武平陵。

年號：太寧三。

成帝

明帝長子，諱衍，字世根，母庾氏。明帝崩，帝即位，年五歲，中書令庾亮輔政。元年丙戌。咸和三年，蘇峻作亂，遷帝於石頭。陶侃攻殺峻，賊黨立峻弟逸爲帥，滕含敗逸，奉御於温嶠舟。已而造新宫，遷之。咸康八年六月崩。在位十七年，年二十二，葬興平陵。

年號：咸和九，咸康八。

康帝

成帝母弟，諱岳，字世同。咸康八年六月即位，元年癸卯。建元三年九月崩。在位三年，〔一三〕年二十三，葬崇平陵。

年號：建元三。

穆帝

康帝子，諱聃，字彭祖，〔一四〕母褚氏。康帝崩，帝即位，年二歲，褚后臨朝。元年乙巳。升平五年崩。在位十七年，年十九，葬永平陵。

年號：永和十二，升平五。

哀帝

成帝長子，諱丕，字千齡，所生母周氏。穆帝崩，帝即位。元年壬戌。雅好黄老，辟穀餌藥，遂中毒，不識萬幾。興寧三年崩。在位四年，年二十五，葬安平陵。

年號：隆和一，興寧三。

廢帝

哀帝母弟，諱奕，字延齡。哀帝崩，無嗣，皇太后迎帝即位。元年丙寅。桓温欲立威權，憚帝守道，誣以牀笫，廢爲東海王，又爲海西公，安於屈辱。太元十一年崩。在位六年，年四十五，葬安平陵。〔一五〕

年號：太和六。

簡文帝

元帝少子，諱昱，字道萬，所生母鄭氏。廢帝廢，皇太后詔統皇極，咸安元年十一月即位，元年辛未。二年崩。年五十三，葬高平陵。

年號：咸安二。

孝武帝

簡文帝第三子，諱曜，字昌明，所生母李氏。咸安二年即位。元年癸酉。帝溺於酒色，長星見，心甚惡之，於華林園舉酒曰：「長星，勸汝一杯酒，自古何嘗有萬歲天子邪！」初，簡文帝見讖云：「晉祚盡昌明。」及李太后有身，夢神人謂曰：「汝生男，宜字昌明。」及産，東方始明，因以爲名。簡文後悟，乃流涕。時帝戲所寵張貴人以年幾三十，當廢，貴人潛怒，向夕，帝醉，遂暴崩。在位二十四年，年三十五。

年號：寧康三，太元二十一。

安帝

孝武帝長子，諱德宗，字德宗，所生母陳氏，武帝淑媛。〔一六〕太元二十一年即位。元年丁酉。元興三年，桓靈寶逼帝西上，後復逼東下，督護馮遷斬靈寶，帝反正於江陵。義熙十四年十二月崩，在位二十二年，年三十七，葬休平陵。初讖云：「昌明之後有二帝。」劉裕將爲禪代，密使王韶之縊帝而立恭帝，以應二帝云。

年號：隆安五，元興三，義熙十四。

恭帝

安帝母弟，諱德文。安帝崩，劉裕矯詔立帝。元年己未。元熙二年六月，禪位於裕。裕以帝爲零陵王，居秣陵二年，裕使人踰垣弑帝。在位二年，年三十六，謚恭帝，葬沖平陵。

年號：元熙二。

右東晉十一帝，都建康共一百六年。〔一七〕

劉聰既殺愍帝，元帝即位，遷都建康，號曰東晉，傳世凡十有一。爰自永嘉南渡，境宇殊狹，禹貢九州之地，僅有其二。元帝初命祖逖鎮雍丘，今東京。逖死，北境漸蹙，於是荆、豫，自淮北蔡、潁、濟等州以北。青、兗四州登、萊、密、海、淄、齊州是。及徐州之半徐、沂等州。陷劉曜、石勒，以合肥、今廬州。淮陰、今楚州。壽陽、石季龍死後復之，今壽州。泗口、今在泗州。角城在泗州。爲重鎮。成帝時鄴守將退屯襄陽。今穀城縣。穆帝時平蜀漢，擒李勢。復梁、益之地，又遣軍西伐入關至灞上，討苻健。〔一八〕再北伐，一至洛陽，討慕容儁，破其將姚襄於伊水。一至枋頭，衛州。所得郡縣，軍旋又復失。洎苻堅東平慕容暐，西南陷蜀漢，西克姑臧，涼州。則漢水、長、淮以北悉爲堅有。及堅敗，再復梁、益、青、徐、兗、荆、河内之地，其後青、兗陷於慕容德，荆、河、司陷於姚興，以彭城爲北境藩扞。後梁、益又陷於譙縱。義熙初陷。每因劉、石、苻、姚衰亂之際，則進兵屯戍在於漢中、襄陽、彭城。然大抵上明、今江陵松滋縣。江陵、夏口、武昌、合淝、壽陽、淮陰常爲晉氏鎮守。義熙以後，又復青、兗、司、荆、河、梁、益之地，而政移於劉氏之宋矣。

宋 繼東晉

宋武帝

高祖武帝劉裕，字德輿，小字寄奴，彭城人，楚元王交二十二世孫。父翹，郡功曹。母穆氏。〔一九〕元熙二年十二月，晉恭帝禪位，帝表讓至再，永初元年夏六月丁卯即位，〔二〇〕改元，元年庚申。都建康。傳世凡八。帝以儉德先天下，碎虎魄枕，施直脚牀，卻入筒布，用葛燈籠。三年五月己亥，崩於西殿。〔二一〕在位三年，年六十，〔二二〕葬蔣山初寧陵，廟號高祖。

年號：永初三。

少帝

武帝長子，諱義符，小字車兵，母張夫人。永初三年夏五月癸亥，以皇太子即帝位。元年癸亥。景平二年夏五月己酉，皇太后令暴其過惡，廢爲營陽王。六月癸丑，徐羡之弒帝於金昌亭。在位二年，年十九。

年號：景平二。

文帝

武帝第三子，諱義隆，小字車兒，母胡婕妤。少帝廢，徐羨之等迎立。元嘉元年秋八月丁酉即帝位，元年甲子。三十年二月甲子，爲元凶太子劭所弒。在位三十年，年四十七，葬長寧陵，廟號太祖。

年號：元嘉三十。

孝武帝

文帝第三子，諱駿，字休龍，母路淑媛。殺元凶劭自立，元年甲子。〔二三〕元嘉三十年四月辛酉，即皇帝位於新亭。〔二四〕帝少機穎，讀書七行俱下，才藻甚美。大明八年夏五月庚申崩，〔二五〕在位十一年，年三十五，葬秣陵巖山景寧陵，廟號世祖。

年號：孝建三，大明八。

前廢帝

孝武帝長子，諱子業，字法師。大明八年閏五月庚午，以皇太子即帝位。元年甲辰。帝自以昔在東宮時，不爲孝武所禮，及即位，將掘景寧陵，太史言於帝不利，乃縱糞於陵，肆罵孝武爲齇壯加切。奴，又發殷貴妃墓。十一月，帝左右壽寂之等謀廢帝，懷刀入宮，弑之，乃崩於華光殿。在位一年，年十七，葬丹陽秣陵。

年號：景和一。正月乙未改永光。

明帝

文帝第十一子，諱彧，字休景，〔二六〕母沈婕妤。泰始元年冬十二月丙寅即帝位，元年乙巳。泰豫元年夏四月己亥崩於景福殿。在位八年，年三十四。泰豫元年五月戊寅，葬臨沂縣幕府山高寧陵，廟號太宗。

年號：泰始七，泰豫一。

後廢帝

明帝長子，名昱，字德融，母陳氏，李道兒妾，人呼爲李氏子。明帝崩，以皇太子即帝位。元年癸丑。孝武二十八子，明帝殺其十六，餘皆帝殺之。元徽五年七月七夕，楊玉夫等入氈幄内，弑帝於仁壽殿。在位五年，年十五，葬秣陵。

年號：元徽五。

順帝

明帝第三子，諱準，字仲謨。〔二七〕蕭道成奉太后令迎立，昇明元年七月壬辰即帝位，元年丁巳。改元徽五年爲昇明元年。三年四月壬辰禪位於齊，齊封爲汝陰王。建元元年五月己未，弑之。在位三年，年十三，葬於遂寧陵。

年號：昇明三。

右劉宋八帝，共六十年。

宋武帝北平廣固，慕容超廣固，今青州。西定梁、益，譙縱。又克長安，姚泓。盡得河南之地。長安尋爲赫連勃勃所陷，至廢帝景和中，武牢以西復陷後魏，今大較以孝武大明爲正，凡二十有二州：揚理建業，今建康。南徐理京口，今潤州丹徒縣。徐理彭城，今徐州。南兗理廣陵，今揚州。兗理瑕丘，今兗州縣。南豫理歷陽，今和州。豫理汝南，今蔡州汝陽縣。江理潯陽，今江州。青理臨淄，初理歷城，復理廣固，後又移理臨淄，今青州縣。冀理歷城，今濟州縣。司理義陽，今信陽。荆理南郡，今江陵府。郢理江夏，今鄂州。湘理臨湘，今潭州。雍理襄陽，今襄州。梁理南鄭，今興元府縣。秦亦理南鄭，益理成都，今寧府。寧理建寧，今姚州。廣理南海，今廣州。交理龍編，今安南府。越理臨漳，今廉州。郡凡二百三十八，縣千百七十九。〔二八〕初，文帝元嘉中，遣將北伐，水軍入河，克魏碻磝、滑臺、今滑州。武牢、今河南。洛陽今西京。四城，〔二九〕其後又失。又分軍北伐，西軍克弘農關、陝二城，東軍攻滑臺不克，而平碻磝，守之，尋皆敗退。於是後魏太武總師經彭城臨江，屯於瓜步，揚州。退攻盱眙，今楚州。不拔而還。明帝時後魏又南侵，失淮北青、冀、徐、兗四州，又豫州、淮西境悉陷没，則長、淮爲北境，僑徐、兗於淮南，淮陰立兗州，淮陰今楚州；鍾離立徐州，鍾離今濠州。立青、冀二州，寄理贛榆，今海州東海縣。其後十餘年而滅亡。然其初彊盛也，南鄭、襄陽、垂瓠、今在蔡州，形若瓠垂，故名。彭城、歷城、東陽今青州益都縣。皆爲宋氏藩扞。

南齊 繼宋

高帝

蕭氏，諱道成，字紹伯，蘭陵人，漢蕭何二十四世孫。〔三〇〕建元元年夏四月甲午，受宋禪，即帝位於南郊，元年己未。〔三一〕都建康，傳世凡七。帝性簡儉，後宫器物欄檻以銅爲飾，皆改用鐵，内殿施黄紗帳，宫人著紫皮履，華蓋除金華瓜，用鐵回釘。每曰：「使我臨天下十年，當使黄金與土同價。」四年三月壬戌，崩於臨光殿。在位四年，年五十六，葬於武進泰安陵，廟號太祖。

年號：建元四。

武帝

高帝長子，〔三二〕諱賾，字宣遠。建元四年三月壬戌，以皇太子即帝位，元年癸亥。明年正月辛亥，改元永明。帝性剛毅有斷，政總大體，以富國爲先。頗喜遊宴、雕綺之事，言常恨之，未能頓遣。永明十一年七月戊寅，崩於延昌殿。在位十一年，年五十四，葬景安陵，廟號世祖。

年號：永明十一。

廢帝鬱林王

武帝孫，文惠太子長子，諱昭業，字元尚，小字法身。永明十一年戊寅武帝崩，〔三三〕以皇太孫即帝位。元年甲戌。帝淫亂，賞賜左右，動至百數十萬。每見錢曰：「我昔思汝，一箇不得，今日得用汝矣。」西昌侯鸞屢諫不聽，帝欲誅鸞，鸞使蕭諶領兵入宮弑之。在位一年，年二十二。

年號：隆昌一。

廢帝海陵王

文惠太子第二子，諱昭文，字季尚。鬱林王廢，延興元年秋七月丁酉即皇帝位。時宣城王鸞輔政，帝起居皆諮而後行。十月辛亥，皇太后使宣城王入纂帝統，令廢帝爲海陵王。建武元年冬十一月，鸞稱王有疾，遣御師占視，乃殞之。在位四月，年十五。

年號：延興一。是年一歲三號。

明帝

始安貞王子，諱鸞，字景棲。海陵王廢，太后以帝纂統，建武元年十月癸亥即帝位。〔三四〕元年乙亥。〔三五〕永泰元年七月己酉，帝崩於正福殿，在位五年，年四十七。

年號：建武四，永泰一。

廢帝東昏侯

明帝第二子，諱寶卷，字智藏。永泰元年七月己酉，以皇太子即帝位。元年己卯。帝惑於潘妃，爲神仙等殿，極奢麗。又鑿金爲蓮花以帖地，令潘妃行其上，曰：「此步步生蓮花也。」永元三年秋七月，蕭衍至南豫州，帝閉宫門自守。十二月，王珍國、張稷率兵入殿弑帝，斬首送蕭衍。在位三年，年十九。

年號：永元三。

和帝

明帝第八子，諱寶融，字智昭。中興元年三月乙巳即皇帝位。元年辛巳。〔三六〕二年遜位於梁，梁奉帝爲巴陵王，宫於姑熟。四月戊辰殂，追尊爲和帝。在位二年，年十五，葬恭安陵。

年號：中興二。

右齊七帝，共二十四年。

南齊淮北之地，所有絶少。青州理朐山，今海州縣。冀理渦口，今泗州臨淮縣。南豫理壽州，今壽春。北兖理淮陰，今楚州。北徐理鍾離，今濠州。又增置巴州理巴東，今夔州。其餘州郡，悉因前代，州凡二十有三，〔三七〕郡三百九十五，縣千四百七十四。其後頻爲後魏所侵，至東昏永元初，沔北諸郡，相繼敗没。今鄧州地。又遣軍北伐，敗於馬圈，屯盆城，今鄧州界。又失壽春。後三年，齊亡。然其始全盛也，南鄭、今興元府。樊城、今襄州臨漢縣。襄陽、今襄州。義陽、今信陽。壽春、今壽州。淮陰、今楚州。角城、今泗州臨淮縣東南。漣口、今泗州漣水縣北。朐山今海州縣。悉爲重鎮。

梁 繼齊

武帝

蕭氏，諱衍，字叔達，蘭陵人。父爲丹陽尹，母韓氏。〔三八〕中興二年三月丙午，禪位於梁。天監元年夏四月丙寅，帝以梁王即帝位，元年壬午。〔三九〕都建康，傳世凡四。帝生而有異光，狀貌殊特，有文在手曰武。〔四〇〕帝初爲兒時，能蹈空而行。及長，博學，有文武才幹。性溺於釋教，郊廟牲牷，皆代以麪，宗廟薦羞，始用蔬菓。幸同泰寺，鑄十萬斤銅像。幸阿育王寺，設無礙法喜會，設四部無遮會，講金字三慧經。三度捨身，羣臣以錢億萬贖帝，請臨宸極，三請乃許。太清三年五月丙辰，侯景舉兵攻陷宮城，帝憂懼寢疾，崩於淨居殿。在位四十八年，年八十六，葬於修陵，廟號高祖。

年號：天監十八，普通七，大通二，中大通六，大同十一，中大同一，太清三。

簡文帝

武帝第三子，諱綱，字世讚，〔四一〕母穆貴妃。〔四二〕太清三年五月辛巳，以皇太子即帝位。元年庚午。〔四三〕大寶元年十月乙未，侯景逼帝幸西州，使彭儁等進觴，與帝極飲。帝醉寢，儁以土囊壓之，帝崩。〔四四〕在位二年，年四十九，葬莊陵，廟號太宗。

年號：大寶二。

元帝

武帝第七子，諱繹，字世誠，母阮采女。承聖元年三月，王僧辯等平侯景，傳首江陵。十一月丙午，〔四五〕即帝位於江陵。元年壬申。先是魏使宇文仁恕來聘，帝接遇有闕，魏相安定公憾之。三年十一月，魏軍至栅下大攻，帝出枇杷門親臨督戰，兵敗見執。十二月，魏軍殺之。帝在位三年，年四十七。明年四月，梁王方智承制，追尊爲元帝，廟號世祖，葬顯寧陵。〔四六〕

年號：承聖三。

敬帝

元帝第九子，諱方智，字惠相，〔四七〕母夏貴妃。承聖三年七月辛丑，王僧辯納貞陽侯蕭淵明，自采石渡江入建業。丙午，即僞位。司空陳霸先殺王僧辯，黜蕭淵明而奉帝。紹泰元年九月丙午即帝位，元年乙亥。太平二年十月遜位於陳，陳奉帝爲江陰王，薨於外邸。在位三年，年十六，追謚敬皇帝。

年號：紹泰一，太平二。

右梁四主，共五十六年。

梁氏州郡多沿舊制，天監中有州二十有三，郡三百五十，縣千二十有二。其後更有析置，大同中州一百七，郡縣亦稱此。初，武帝受禪，數載即失漢川及淮西之地，梁州刺史夏侯道降魏，〔四八〕魏將元英屯義陽，今申州。其後諸將頻年與魏軍交戰於淮南、淮北，互有勝負，雖得懸弧城，〔四九〕俄而又失，又克壽春、渦陽。中大通初，大舉北伐，淮北城鎮相次克平，直至洛陽，暫爲梁有。其後諸將又復漢中，自天監一年失漢川，凡經四十三年克復。至侯景東魏將。以河南地降，逆亂相尋，有名無實。及景平後，江北之地，悉降高齊，漢川、蜀没於西魏。太清初，侯景以十三州來降，旋爲東魏將慕容紹宗所敗。二年，景又圖建康，陷之。承聖初，齊將辛術南伐，盡得淮南江北之地，〔五〇〕得傳國璽反於齊。三年，西魏將達奚武陷漢川，尉遲迥陷益州，其漢川經九年而復。〔五一〕大抵雍州、今襄州地。下溠戍、溠，側駕切，音搓。今隋州棗陽縣。夏口、今鄂州。白苟堆、今蔡州真陽縣。硤石城、今潁州地。合淝、鍾離、淮陰、朐山爲重鎮。

陳 繼梁

武帝

陳氏，諱霸先，字興國，吴興人。帝所出甚微，初仕鄉爲里司，又爲油庫吏，後仕梁爲陳王。太平二年十月辛未，梁敬帝禪位。永定元年冬十月乙亥，即帝位於南郊，柴燎告天。元年丁丑。帝雄武多英略，性甚仁愛。初，平侯景及立敬帝，子女玉帛皆班將士。三年六月丙午，崩於璿璣殿。在位三年，年五十七，葬萬安陵，廟號高祖。

年號：永定三。

文帝

武帝兄始興昭烈王之長子，諱蒨，字子華。永定三年六月丙午，即皇帝位。元年庚辰。帝少沈敏，有識量，美容儀，留意經史，武帝甚愛之，常稱吾家英秀。初，起自布衣，知百姓疾苦，每雞人伺漏傳籤於殿中者，令投籤於堦石上，鎗然有聲，云：「吾雖得眠，亦令驚覺。」天康元年夏四月癸酉，崩於有覺殿。在位七年，年四十，葬永寧陵，廟號世祖。

年號：天嘉六，天康一。

廢帝

文帝長子，諱伯宗，字奉業，母沈氏。天康元年夏四月癸酉，以皇太子即帝位。元年丁亥。帝性仁弱，刑政皆歸冢宰，故光大二年冬十一月甲寅，宣太后令廢爲臨海王。太建二年四月乙卯薨，在位二年，年十九。

年號：光大二。

宣帝

始興昭烈王第二子，諱頊，字紹世，小字師利。太后既黜廢帝，以帝入纘皇統。元年己丑。太建元年春正月甲午，即帝位。十二年九月癸未夜，天東南有聲，如風水相激。十四年正月甲寅，崩於宣福殿。在位十四年，年五十三，葬顯寧陵，謚孝宣，廟號高宗。

年號：太建十四。

後主

宣帝長子，諱叔寶，字元秀，小字黄奴，母柳氏。太建十四年正月丁巳，以皇太子即帝位。元年癸卯。帝荒於酒色，不恤政事，常使張麗華、孔貴嬪等八人夾坐，江總、孔範等十人預宴，號爲狎客。是年秋，自建業至荆州，江水色赤如血，天外有如風水相激之聲。帝設會捨身，大赦天下。禎明三年正月，隋將賀若弼、韓擒虎進軍宮城，帝逃於井中，以繩引之而出。至京師見宥，隋仁壽四年十一月壬子，終於洛陽。在位七年，年五十二。贈大將軍，封長城縣公，謚煬，葬河南洛陽之芒山。

年號：至德四，禎明三。

右陳五主，共三十三年。

陳氏都建康，傳世凡五，土宇彌蹙於梁，西不得梁漢，北失淮、淝，以長江爲境。文帝初，湘州之地爲周軍所陷，後克平之，今鼎、澧、潭、衡等州之地是也。〔五二〕有州四十有二，地轉狹而州益多。郡百有九，縣四百三十有八。宣帝太建中，頻年北伐，諸將累捷，盡復淮南之地，吳明徹斬高齊將於壽春。更經略淮北，大破齊軍於吕梁。及旋師，屬高齊亡，又總軍北伐，至吕梁，周軍來拒，又大破之，自太建五年北伐，七年破齊軍，九年又破周將梁士彦，悉得吕梁、〔五三〕淮北城鎮下邳、朐山。旋爲周軍所敗，悉虜其衆，十年，周將王軌來伐，吴明徹退師，全軍没於清口。自是江北之地盡入於周，復以長江爲界。十二年，周將以淮西地來降，又遣將克新野，尋失之。及隋軍來伐，遣將守狼尾灘、今峽州宜都縣界是。公安、今江陵府縣是。荆門安蜀城，今峽州宜陵縣界是。巴陵今岳州。已下，並風靡退散，信州道大總管楊素自峽中舟師東下，陳之守將相繼而破。信州即今雲安郡歸州是也。隋軍自采石、隋將韓擒虎襲陷之。京口賀若弼襲陷之。渡江而平之。

六朝建都

南朝建都之地，不過建康、京口、豫章、江陵、武昌數處，其强弱利害，前世論之詳矣。吴孫策以會稽爲根本，大帝嗣立，稍遷京口。其後又嘗住公安，又嘗都武昌，蓋往來其間，因時制宜，不得不爾。及江南已定，遂還建業，保有荆、揚，而與魏、蜀抗衡，其宏規遠略，晉、宋而下不能易也。故孫皓捨建業而之武昌，吴因以衰；梁元帝捨建業而守江陵，梁遂以亡；李嗣主捨建業而遷洪府，南唐遂不能以立。王導斷然折會稽、豫章之論，而以建業爲根本，自晉而下三百年之基業，導之力也。故孫皓議遷都武昌，陸凱上疏曰：「武昌土地危險，非王都安國養民之處，船泊則沈漂，陵居則峻危，童謡云：『寧飲建業水，不食武昌魚；寧還建業死，不止武昌居。』夫民謡本於天心，乃以安居而比死，足明天意，而知民所苦也。」蘇峻亂，宗廟宮室並爲煨燼，温嶠議遷豫章，三吴之豪請都會稽，二論紛紜，未有所適。王導曰：「古之金陵，聖皇所居，孫仲謀、劉玄德皆言王者之宅。古之帝王不以豐儉移都，苟冠衛文大帛之冠，〔五四〕何往不可。若不績其麻，樂土爲墟矣。」由是嶠等之議不行。齊蕭穎胄議遷夏口，〔五五〕柳忱以巴峽未賓，不宜輕捨根本，摇動人心。帝不從。俄而巴東之兵至峽口，遷都之議遂息。梁元帝臨荆、峽二十年，情所安戀，不欲歸建業，故府臣僚皆楚人，並欲都江陵。周弘正諫曰：〔五六〕「士大夫言聖王所都，本無定處，若黔首未見入建業，便謂猶列國諸王，今日赴百姓心，不可不歸建業。」南唐嗣主用唐鎬計，遷豫章而王都，官舍軍壘十不容其一二，自公卿下至軍士，莫不思歸。自此論之，六朝以來都邑之議，莫不以建康爲根本也。

六朝宮殿

吴孫權遷都建業，徙武昌宮室材瓦繕治太初宮。吴實録有曰臺城，蓋宮省之所寓也。有曰東府，蓋宰相之所居也。有曰西州，蓋諸王之所宅也。有曰倉城，蓋儲蓄之所在也。宮室記云：皆不出都城之内。輿地志云：都城周二十里一十九步，本吴宮舊址，蓋謂是也。

晉琅琊王渡江鎮建康，因吴舊都修而居之，即太初宫爲府舍。及即帝位，稱爲建業宫，更明帝不改。至成帝繕苑城，作新宫，窮極伎巧，侈靡殆甚。宋、齊而下因之，稱爲建康宫。以此考之，六代宫室門牆雖時有改築，然皆因吴舊址。晉新宫在吴太初宫之東，吴昭明宫孫皓所起。在晉建康宫城西南，惟元帝建業宫乃仍吴太初宫之舊，今行宫之東北，乃其地也。

太初宫

建康實録：吴孫權黄武中，徙武昌棟瓦而起，即長沙王孫策故府，在晉建康宫城西南，即臺城之西南也。

建康宫

建康實録：晉成帝咸和七年，新宫成，名曰建康宫，亦名顯陽宫。注云：即今之所謂臺城也。輿地志云：在法寶寺之南，今在府北五里。

新宫

晉謝安作新宫，造太極殿欠一梁，忽有梅木流至石頭城下，因取爲梁。殿成，乃畫梅花於其上，以表嘉瑞。楊修之有詩云：「玉案金鑪對御牀，鷁然應是魯靈光。螭頭直上雙魚尾，不讓西京舊柏梁。」

未央宫　長樂宫　建章宫　長楊宫

南史：宋前廢帝景和元年，以東府城爲未央宫，以石頭城爲長樂宫，以北邸爲建章宫，南第爲長楊宫。東府城，在古青溪橋東。

靈和殿

齊武帝時殿下柳木，蜀郡所獻，條如絲縷。帝曰：「此柳風流可愛，似張緒少年時。」緒字思曼。在臺城内。楊修之有詩曰：「得地恩深雨露偏，丹墀左右玉堦前。君王屬意君知否？好似風流一少年。」

金華宫

輿地志云：梁大同中所築，昭明太子蔡妃所居，在青溪東。

披香殿

楊修之金陵詩注云：在臺城後宫。庾子山詩云：「宜春苑中春已歸，披香殿裏作春衣。」蓋指此也。

六朝郊社

終吴之世，未暇禮文，宗廟社稷，不見於史。晉初置宗廟在吴都城宣陽門外。輿地志云：在縣東二里。圖經云：大社大稷壇，在縣一里。宋、齊而下，時有改易。晉元帝二年作南郊，在宫城南十五里，郭璞卜立之。輿地志云：在今縣城東南十八里。圖經云：古南郊壇在縣南十八里。成帝作北郊壇於覆舟山之陽，制度一如南郊。實録云：北郊壇，在縣東八里潮溝後，東近青溪。又按通典：宋孝武帝大明三年，移北郊於鍾山北原道西。今鍾山定林寺山巔有平基二所，闊數十丈，乃其地也。南唐郊壇，在長樂鄉，去縣十二里，遺址尚存，今爲藏冰之所。

六朝郡國

三國鼎立之後，土宇分裂，得失不常。魏武定西朔，所置郡國十二，新興、樂平、西平、新平、略陽、帶方、譙、樂陵、章武、南鄉、陰平、襄陽。而省者七，上郡、朔方、五原、雲中、定襄、漁陽、盧江。文帝置七，朝歌、陽平、弋陽、魏興、新城、義陽、安豐。明帝及少帝增二，上庸、平陽。得漢郡者五十四焉。蜀先主於漢建安之間初置郡九，巴東、巴西、梓潼、江陽、汶山、漢嘉、朱提、宕渠、涪陵。後主增二，雲南、興古。得漢郡者十有一焉。吴大帝初置郡五，臨賀、珠崖、武昌、廬陵、新安。少帝、景帝各四，臨川、臨海、衡陽、天門。建安、建平、湘東、合浦。歸命侯亦置十有二郡，始安、始興、邵陵、九德、吴興、東陽、安成、新昌、武平、桂林、營陽、〔五七〕宜都。得漢郡者十有八焉。晉武帝太康元年既平孫氏，凡增置郡國二十有三，滎陽、頓丘、上洛、臨淮、東莞、襄城、汝陰、長廣、廣寧、昌黎、新野、隨郡、陰平、義陽、毗陵、宣城、南康、晉安、寧浦、始平、略陽、樂平、南平。省司隸，置司州，別立梁、秦、寧、平四州，仍吴之廣州，凡十九，司、豫、冀、兗、荆、徐、揚、青、幽、平、并、雍、梁、秦、涼、益、寧、交、廣。郡國一百七十三，仍吴所置二十五，仍蜀所置十一，仍魏所置二十一，仍漢舊九十三，置二十三。惠帝不君，中州盡棄。永嘉南渡，建業今建康也。開基，九州之地有二焉。自兹以降，國分南北，更王迭霸，疆理不常。宋至孝武大明中，州凡二十有二，郡二百三十有八，縣千一百七十有九。南齊繼統，又置巴東一郡，餘並因之，爲州二十有三，郡三百九十五，縣千四百七十有四。頻與元魏侵吞，互相得失。蕭梁之時，多沿舊制。天監中有州二十有三，郡三百五十，縣千二十有二，其後更有析置，大同中州百有七，郡縣亦稱於此。陳氏較之，土宇彌蹙，西不得蜀漢，北失淮淝，而以長江爲境，有州四十有二。是其地愈狹，立名益多，爲郡百有九，縣四百三十有八。此皆疆宇之列乎南者也。

六朝保守

晉蔡謨曰：「時有否泰，道有屈伸。暴逆之寇雖終滅亡，方其强盛，皆當詘而避之，要終歸於大濟而已。爲今之計，莫若養威以俟時。」王羲之曰：「以區區江左，營綜如此，天下寒心久矣。中興之業，政以道勝，寬和爲本；力爭武功，非所當作。」二人者能言之，而不得行之，行之而足以安江南者，孫權一人耳。陸瑁嘗勸權曰：「九域盤互之時，率須深根固本，愛力惜費。」陸遜嘗勸權曰：「施德緩刑，寬賦息調。」權報之曰：「發調者，蓋謂天下未定，事以衆濟。若徒守江東，修崇寬政，兵自足用，何以多爲？」顧坐自守可陋耳。」以此知權之志，未嘗不在於天下，然以傳考之，亦未嘗求逞於中國。曹公來侵，則破之拒之而已，治艦立塢，築隄遏湖，作涂塘，明烽燧，始終所以備魏者至矣。及移牋於曹公曰：「足下不死，孤不得安。」則權固未嘗得志也。嘉禾中，因蜀寇魏，一攻淮南，聞明帝東行，則遽斂避。諸將之攻樊城，司馬懿救之，亦引軍亟退。自後世觀之，謂之怯可也，而權不以爲恥，豈非天下之勢，既未有可投之隙，與其力爭而取敗，不若退守而待時也耶。史稱權繼父兄之業，有臣以爲腹心股肱爪牙，兵不妄動，故戰少敗而江南安，此權之所以爲智也。及嗣主立，諸葛恪爲政，首侵邊以怒敵，東興之戰幸捷，顧不能持勝，復違衆大舉，一敗塗地。恪既喪軀，而孫氏之業因以衰焉。則權之兵不妄動，利害果何如也。其後孫皓用諸將計，數侵盜晉鄙。陸抗曰：「苟無其時，雖復大聖亦宜養威自保，不可輕動。今不務力農富國，審官任能，明黜陟，慎刑罰，訓諸司以德，拊百姓以仁，而聽諸將狥名，窮兵黷武，動費萬計，士卒凋弊，寇不爲衰，而我已大病矣！夫爭帝王之資，而昧十百之利，此人臣之姦謀，非國家之良策也。」抗之言兼有陸瑁、陸遜、蔡謨、王羲之之論，而皓不之用，此其所以亡也。東晉自庾亮經營征伐，皆不能有成。謝安父子乘苻堅傾敗之餘圖之，如恐不及也。至於渡河入鄴，訖無尺寸之得。宋文自以富强詰戎兵於元魏，檀道濟再行無功，諸將皆相繼以敗，而胡馬遂至瓜步。梁武遭魏氏之亂，陳慶之以數千兵入洛，而嵩高之襲，幾至殲盡。及貪河南之地，納叛將，棄睦鄰，而身國顛覆。陳宣帝闢土宇於北齊，旋失淮、泗於後周，雖以桓温、劉裕非常之才，度越歷代諸將，而温伐苻健、慕容暐皆幾成而敗，裕平南燕，滅姚秦，亦既得而失，則六朝用兵攻伐之策可見矣。

校勘記

〔一〕大帝即位在魏太和七年壬寅歲　太和爲魏明帝年號，是年爲己酉歲，非壬寅歲，吴大帝孫權亦非太和七年即帝位。三國志吴書吴主傳注引吴書及通鑑卷七一云，魏文帝黄初二年孫權納趙咨言「宜改年號，正服色，以應天順民」，是年十一月就吴王位，明年改元黄武元年（是年壬寅歲）。後七年至魏明帝太和三年己酉歲改元黄龍元年，「公卿百司皆勸權正尊號」，夏四月丙申，南郊即皇帝位。此誤孫權就吴王位與即帝位合爲一時，故「三年」誤作「七年」，「己酉」誤作「壬寅」。

〔二〕年七十一　原作「年七十」。盧弼三國志集解孫權傳云兄策既定諸郡，時權年十五，爲漢獻帝建安元年。往上推溯，孫權當生於漢靈帝光和五年，至太元二年薨，正七十一歲。今據吴本、馮本、季本、庫本改正。

〔三〕即位在魏嘉平四年壬申歲　「壬申」原作「壬寅」，誤，今據吴本、馮本、季本、庫本改正。

〔四〕大將軍張布　「大將軍」，吴書孫皓傳、孫綝傳、韋曜傳及通鑑卷七八皆作「左將軍」，疑是。

〔五〕年四十三　各本同。吴書孫皓傳注引吴録及建康實録卷四、通鑑卷八一皆云皓以太康四年卒，年四十二。蕭常續後漢書引世紀亦云「皓以赤烏五年壬戌生，太康四年癸卯死」，據此推算，皓年亦爲四十二，此作「四十三」誤。

〔六〕天紀五　孫皓天紀四年三月爲晉所滅，天紀凡四年，此「五」當「四」字之誤。

〔七〕置交廣荆郢四州　據吴書吴主傳，孫權有揚州治建業，另置交、廣、荆州，凡四州，無郢州。洪亮吉補三國疆域志卷四六、謝鍾英三國疆域表卷下，楊晨三國會要卷八亦可證。

〔八〕有郡四十二　「四十二」，補三國疆域志卷四六、三國會要卷八並作「四十六」，是。

〔九〕西陵峽州陸遜陸抗鎮守　「峽州」原作「陜州」。吴之西陵，即宋時夷陵，屬荆湖北路峽州，今據馮本改正。

〔一〇〕巴丘岳州魯肅孫歆鎮守　吴之巴丘即宋時岳州，魯肅鎮守巴丘，事在建安十九年，吴書吴主傳云「使魯肅以萬人屯巴丘，以禦關羽」。然未聞孫歆鎮守巴丘，歆僅官樂鄉督，焉能戍守巴丘耶？陸凱傳云，孫皓立，遷凱鎮西大將軍，都督巴丘。孫皓傳又云，寶鼎二年，皓命右丞相萬彧上鎮巴丘。馮本、季本「孫歆」作「孫皓」，疑是。

〔一一〕妃通小吏牛氏　「牛氏」原作「牛金」，今從吴本、馮本。牛金爲晉宣帝將，因深忌牛金，使毒酒鴆之。與恭王妃夏侯氏私通者非牛金，晉書元帝紀亦作牛氏，未云其名，唯建康實録卷五作「牛欽」，抑欽即牛氏之名耶？

〔一二〕年二十七　各本皆誤作「年三十七」。晉書明帝紀作「年二十七」，建康實録卷六注云「帝年二十五，即位三年，年二十七崩」，此「三」當「二」字之誤，今據改。

〔一三〕建元三年九月崩在位三年　晉書康帝紀云康帝崩於建元二年九月戊戌，此云「三年九月崩」誤。又康帝於成帝咸康八年六月即帝位，明年正月改元建元元年，至二年九月崩，在位二年，此云「在位三年」亦誤。下文「建元三」亦當作「建元二」。

〔一四〕字彭祖　晉書穆帝紀、建康實録卷八及通鑑卷九七胡注皆作「字彭子」，此云彭祖，未知何據。

〔一五〕葬安平陵　晉書海西公紀云太和元年五月戊寅，皇后庾氏崩。七月癸酉，葬孝皇后於敬平陵。又廢帝孝庾皇后傳云：「太元十一年海西公薨於吴，又以后合葬於吴陵。」此作「安平陵」與哀帝陵同，誤，當作「吴陵」爲是。

〔一六〕武帝淑媛　「武帝」當作「孝武帝」，謂司馬曜也。

〔一七〕右東晉十一帝都建康共一百六年　晉元帝建武元年即皇帝位，至恭帝元熙二年禪代劉裕，凡一百四年，此云一百六年，實以愍帝建興三年進司馬睿丞相、大都督中外諸軍事時起算。

〔一八〕苻健　「健」原作「犍」，據馮本及晉書苻健載記改正。

〔一九〕母穆氏　宋武帝母乃孝穆趙皇后，爲趙裔女，詳見宋書、南史孝穆趙皇后傳，此「穆氏」當作「趙氏」。

〔二〇〕元熙二年十二月晉恭帝禪位帝表讓至再永初元年夏六月丁卯即位　南史宋本紀上云元熙「二年正月，帝表讓殊禮」。本書同卷恭帝條亦云「元熙二年六月禪位於裕」。元熙二年即永初元年，劉裕於六月丁卯接帝位，改元永初，焉有先即位而表讓之理，此「十二月」當爲「正月」之誤。

〔二一〕三年五月己亥崩於西殿　永初三年五月癸卯朔，無己亥，宋書武帝紀下、南史宋本紀上並作「癸亥」，爲五月二十一日，是，本書同卷少帝條亦云少帝於永初三年夏五月癸亥即帝位亦可爲證。

〔二二〕年六十　各本皆作「年六十七」。宋書、南史孝穆趙皇后傳並云「晉哀帝興寧元年四月二日，生高祖」，至永初三年五月卒，年六十歲，南史宋本紀上、太平御覽卷一二八引徐爰宋書亦並作「六十」，此「七」字當衍，今據改。

〔二三〕元年甲子　宋孝武帝孝建元年爲甲午，此作「甲子」，形近致誤。

〔二四〕元嘉三十年四月辛酉即皇帝位於新亭　據宋書孝武帝紀、南史宋本紀中及通鑑卷一二七，元嘉三十年四月辛酉，劉駿次溧洲，戊辰至新亭，己巳即皇帝位。四月癸卯朔，十九日辛酉，二十六日戊辰，二十七日己巳。此云「四月辛酉即皇帝位於新亭」，實爲張氏未審史文，删節致誤。

〔二五〕大明八年夏五月庚申崩　五月己巳朔，無庚申，是年五月逢閏，閏五月戊戌朔，二十三日庚申。宋書孝武帝紀、南史宋本紀中及通鑑卷一二九皆云孝武帝崩於閏五月庚申，此「五月」前當脱閏字。

〔二六〕字休景　南史宋本紀下同。宋書明帝紀作「字休炳」，南史避唐諱改「炳」爲「景」，張氏因襲之。

〔二七〕字仲謨　南史宋本紀下同。宋書順帝紀作「字仲謀」。

〔二八〕郡凡二百三十八縣千百七十九　宋書州郡志及通鑑卷一二九作「郡二百七十四，縣千二百九十九」，蓋宋時州郡時有增廢，故統計之數頗有差異。

〔二九〕克魏碻磝滑臺武牢洛陽四城　「四城」原作「西城」。西城屬梁州魏興郡，宋元嘉中北伐，未至西城，此「西」當「四」字之誤，今據馮本改正。

〔三〇〕漢蕭何二十四世孫　「二十四」原作「二十一」。據南齊書高帝紀上所載蕭氏世系推之，蕭何爲一世，順次至蕭道成，乃得二十四世，與馮本、季本及建康實録卷十五相合，今據改。

〔三一〕元年己未　「年」原作「帝」，據吴本改正。

〔三二〕高帝長子　「高帝」原作「武帝」，誤，據吴本、馮本改正。

〔三三〕永明十一年戊寅武帝崩　本書同卷武帝條云，武帝崩於永明十一年七月戊寅，此「戊寅」前脱「七月」二字。

〔三四〕建武元年十月癸亥即帝位　「癸亥」原作「辛亥」，通鑑卷一三九云十月辛亥，皇太后廢帝爲海陵王，癸亥，高宗即皇帝位。南齊書明帝紀、南史齊本紀下並云蕭鸞於是年十月癸亥即帝位。十月壬寅朔，初十日辛亥，二十二日癸亥，張氏將廢帝與高宗即位合爲一時，殊爲疏誤。今據庫本改正。

〔三五〕元年乙亥　高宗於廢帝延興元年十月癸亥即位，改元建武，其元年爲甲戌，二年方是乙亥。

〔三六〕元年辛巳　「元年」二字原缺，據吴本、馮本、季本補。

〔三七〕州凡二十有三　「二十三」原作「二十二」，據庫本及南齊書州郡志改。

〔三八〕母韓氏　「韓氏」當作「張氏」。梁武帝母乃太祖張皇后，張穆之女，詳見梁書、南史太祖張皇后傳。

〔三九〕元年壬午　「壬午」原作「壬申」，午申形近致誤，今據馮本、庫本改正。

〔四〇〕有文在手曰武　梁書武帝紀上、南史梁本紀上並作「有文在右手曰武」。

〔四一〕字世讚　「讚」原作「纘」。梁武諸子，除昭明太子外，其字皆偏旁從言，當作「讚」爲是，據吴本、馮本、庫本及南史梁本紀下改正。

〔四二〕母穆貴妃　原作「母貴妃穆氏」。簡文帝母爲高祖丁貴嬪，姓丁氏，謚曰穆，作「穆氏」誤，據吴本、馮本、季本改正。

〔四三〕元年庚午　「庚午」原作「壬申」，形近致誤，據馮本、庫本改正。

〔四四〕大寶元年十月乙未侯景逼帝幸西州使彭儁等進觴與帝極飲帝醉寢儁以土囊壓之帝崩　梁書簡文帝紀、南史梁本紀下及通鑑卷一六四皆云簡文帝被害於大寶二年冬十月壬寅，此作「大寶元年十月乙未」誤。

〔四五〕十一月丙午　承聖元年十一月乙丑朔，無丙午。梁書元帝紀、南史梁本紀下及通鑑卷一六四皆作「十一月丙子」，爲月之十二日，是。

〔四六〕葬潁寧陵　南史梁本紀下云承聖三年十二月辛未，魏人戕帝，「葬津陽門外」。陳書世祖紀云天嘉元年六月「壬辰，詔曰：『梁孝元遭離多難，靈櫬播越，朕昔經北面，有異常倫，遣使迎接，以次近路。江寧既有舊塋，宜即安卜。』是月，葬梁元帝於江寧」。據此梁元帝初葬江陵津陽門外，至陳天嘉元年六月方移葬江寧。然此云葬潁寧陵，他書皆不載，未知何據。

〔四七〕字惠相　梁書敬帝紀、南史梁本紀下及通鑑卷一六六皆作「字慧相」，惠、慧古通。

〔四八〕梁州刺史夏侯道降魏　梁書、南史鄧元起傳庾域傳王珍國傳及通鑑卷一四六皆云，降魏者爲夏侯道遷，時官梁州長史領漢中太守，據此「夏侯道」下當脱「遷」字，「刺史」亦爲「長史」之譌。

〔四九〕雖得懸弧城　梁書武帝紀中、南史梁本紀中並云天監七年冬十月「丁丑，魏縣瓠鎮主白皁生、豫州刺史胡遜以城内屬」。又云普通六年春正月「庚申，魏徐州刺史元法僧以彭城來降」。其時梁得懸弧、彭城二城，此懸弧下當脱「彭」字。

〔五〇〕盡得淮南江北之地　「淮南」原作「河南」，據吳本、馮本、季本改，北齊書、北史辛術傳亦可證。

〔五一〕三年西魏將達奚武陷漢川尉遲迥陷益州其漢川經九年而復　坿識云：「據周書、梁書，梁大寶二年十月，魏達奚武取漢中，侵南鄭。承聖元年四月，秦、梁刺史蕭循降魏。承聖二年，尉遲迥伐蜀。八月，益州刺史蕭撝降魏。承聖三年，魏取襄，徙岳陽王詧於江陵。又陳文帝天嘉二年，破周將賀若敦，武陵等六郡復南屬。」朱説是，陳書世祖紀、通鑑卷一六四、一六五、一六八亦可證。

〔五二〕今鼎澧譚衡等州之地　「澧」各本皆作「温」，唯馮本作「澧」。陳書世祖紀云天嘉元年九月，周將獨孤盛、賀若敦南侵巴湘，侯瑱、侯安都克平之。宋時澧州與鼎、潭、衡等州屬荆湖南路、北路，即陳巴湘之地，温州屬西浙路，周軍未至。今據改。

〔五三〕吕梁　底本、光緒本作「其梁」，吴本、馮本、季本作「於梁」，各本皆誤。陳書宣帝紀云，太建九年，「司空吴明徹破周將梁士彦衆數萬於吕梁」。南史陳本紀下及通鑑卷一七三亦同，「其梁」、「於梁」皆爲「吕梁」之誤，本條上文亦作「吕梁」，今據改。

〔五四〕苟冠衛文大帛之冠　晉書王導傳作「苟弘衛文大帛之冠」。此避宋太祖父名弘殷諱改。

〔五五〕蕭穎胄　「穎」原作「頴」，據吴本、馮本、季本改。

〔五六〕周弘正　原作「周洪正」，係避宋諱，周弘正陳書、南史有傳，事迹與此合，今據改。

〔五七〕營陽　原作「滎陽」。坿識云：「吴孫皓置，當作『營陽』。宋書州郡志：營陽，江左分零陵立。元和郡縣志：吴分零陵置營陽郡，以郡在營水之南，因以爲名。此作『滎陽』，沿晉志之訛。」朱説是。水經注卷三十八云：「營水又東北逕營浦縣南，營陽郡治也。魏咸熙二年，吴孫皓分零陵置，在營水之陽，故以名郡矣。」補三國志疆域志、三國疆域表皆取作「營陽」，今據改。

六朝事迹編類卷二

形勢門

鍾阜　建康之東，餘見寺院門蔣山寺〔一〕

圖經云：在縣東北，周回六十里，高一百六十八丈，〔二〕東連青龍山，西臨青溪，南有鍾浦，下入秦淮，〔三〕北接雉亭山。漢末有秣陵尉蔣子文逐盗死於鍾山，吴大帝爲立廟，封曰蔣侯。吴録云：大帝祖諱鍾，因改名曰蔣山。按丹陽記云：京師南北並連山嶺，而蔣山岧嶢嶷異，其形象龍，實作揚都之鎮。諸葛亮嘗至京，覩秣陵山阜，云「鍾山龍盤」，蓋謂此也。又按輿地志云：鍾山本少林木，宋時使諸州刺史罷職還者，栽松三千株，〔四〕下至郡守，各有差焉。山之最高峯地有五顧樹，樹，柞木也。宋元嘉中百姓祈禱，率有應驗。寰宇記云：自梁以前立寺七十所，今存者六。〔五〕又按南史，宋散騎常侍劉勔經始鍾嶺之南，以爲棲息，聚石蓄水，朝士雅素者多從之遊。又雷次宗元嘉中開館雞籠山，文帝爲築室於鍾山西巖下，謂之招隱館。至齊周顒亦於鍾山西立隱舍，休沐則歸，後顒出爲海鹽令，孔稚圭作北山移文以譏之。舊經云：晉謝尚，齊朱應、吴苞、孔嗣之，梁阮孝緒、劉孝標並隱於此。唐大曆中，處士韋渠牟亦隱此山，號遺名子，顔真卿題其所隱之堂曰「遺名先生三教會宗堂」。又陳後主與張機遊是山，嘗以松枝代麈尾，故梅摯詩有「干松麈尾」之句。又按文選沈休文鍾山應教詩云「靈山紀地德，險峭資岳靈」，又云「勢隨九疑高，氣與三山壯」，蓋美之也。荆公絶句云：「偶向松關覓舊題，野人休誦北山移。丈夫出處非無意，猿鶴從來自不知。」又一絶云：「澗水無聲遶竹流，竹間花影弄春柔。茅檐相對坐終日，一鳥不鳴山更幽。」又一絶云：「終日看山不厭山，買山終待老山間。山花落盡山長在，山水空流山自閑。」今屬惟政鄉，去縣十里。

石城　建康之西

吴孫權沿淮立栅，又於江岸必爭之地築城，名曰石頭，常以腹心大臣鎮守之。今石城故基乃楊行密稍遷近南，夾淮帶江，以盡地利，其形勢與長干山連接。輿地志云：環七里一百步，在縣西五里，去臺城九里，南抵秦淮口，今清涼寺之西是也。諸葛亮論金陵地形云，「鍾阜龍盤，石頭虎踞，真帝王之宅」，正謂此也。及晉伐吳，王濬以舟師沿江而下，自三山抵石頭。劉夢得金陵懷古曰：「王濬樓船下益州，金陵王氣黯然收。千尋鐵索沈江底，一片降幡出石頭。荒苑至今生茂草，古城依舊枕寒流。而今四海歸皇化，兩岸蕭蕭蘆荻秋。」宋順帝昇明元年，以司徒袁粲出鎮於此。〔六〕由晉以來，常爲戰守之地。左太沖吳都賦云「戎車盈於石頭」，蓋謂此也。宋大明中，以其地爲離宮。及齊武帝爲世子，即以爲世子宮。城之東有巨石，俗呼爲塘岡，乃王敦害周伯仁、戴若思之處。按建康實録：晉元帝永昌元年，敦收周顗、戴淵，殺於石頭城東塘頹石上，百姓寃之，至今紀其處。至陳宣帝太建二年，其城復加修築，以貯軍食。後主禎明元年，徐孝克爲都官尚書，性清素，常以石頭津税給之。唐武后光宅中，徐敬業舉兵，使其徒崔洪渡江修石頭以拒之，敬業平，分軍三百人守之。尋置爲鎮，仍徙縣倉以實之，故唐書地理志云：昇州有石頭鎮，中宗神龍二年廢鎮，即移倉於冶城。德宗時，浙江觀察使韓滉迺於石頭築五城，今遺址尚在。江南野史：汪台符上書陳民間九患，爲宋齊丘所沮，後齊丘使人夜縛其口沈石城下，先主聞而歎之。江淹侍始安王石頭城詩曰：「開局遶天邑，襟帶抱尊華。」何遜登石頭詩曰：「天暮遠山青，潮去邊沙出。」皆謂此也。

朱雀航　建康之南〔七〕

晉咸康二年作朱雀門，新立朱雀浮航，在縣城東南四里，對朱雀門，南渡淮水，亦名朱雀橋。輿地志云：吴南津大航橋也。王敦作亂，温嶠燒絶，至是始用杜預河橋法作之。地志云：朱雀門孔對吴都城宣陽門，〔八〕相去六里爲御道，夾御溝植柳。自朱雀門南渡出國門。羅鄴金陵野步望宮柳詩云：「色承陽氣暖，陰帶御溝清。」里俗相傳，今桐樹灣相對，〔九〕即其地也。

玄武湖　建康之北〔一〇〕

按建康實録：吴後主皓寶鼎元年，開城北渠，引後湖水流入新宫，巡遶殿堂，窮極伎巧。〔一一〕至晉元帝始創爲北湖。故實録云：元帝大興三年創北湖，築長隄以遏北山之水，東至覆舟山，西至宣武城。又按南史：宋文帝元嘉二十三年築北隄，立玄武湖於樂遊苑之北，湖中亭臺四所。後黑龍見於湖側，春秋使道士祠之。至孝武大明五年，常閱武於湖西。七年，又於此湖大閱水軍。按輿地志云：齊武帝亦常理水軍於此，號曰昆明池。故沈約登覆舟山詩「南瞻儲胥館，北眺昆明池」，蓋謂此也。又於湖側作大竇，通水入華林園天淵池，引殿内諸溝經太極殿，由東、西掖門下注城南塹，故臺中諸溝水常縈流迴轉，不舍晝夜。又按南史：元嘉二十三年造真武湖，文帝欲於湖中立方丈、蓬萊、瀛洲三神山，尚書右僕射何尚之固諫，乃止。今圖經云：湖中有蓬萊、方丈、瀛洲三神山，不知何所據也。本朝天禧四年改爲放生池，其後廢湖爲田，中開十字河，立四斗門，以洩湖水，跨河爲橋，以通往來。今城北十三里有古池，俗呼爲後湖，見作大軍教場處是也。

校勘記

〔一〕寺院門　「院」原作「苑」，據馮本、季本改，本書卷十一作「寺院門」。

〔二〕高一百六十八丈　光緒本同，吴本、馮本、季本及讀史方輿紀要卷十九皆作「一百五十八丈」。朱偰金陵古蹟圖考載今實測鍾山高度爲四六八·六公尺，折合一百四十二丈，與吴本等所記數較近似。

〔三〕南有鍾浦下入秦淮　「有」原作「自」，今從馮本，太平寰宇記卷九〇、讀史方輿紀要卷十九亦作「有」。

〔四〕宋時使諸州刺史罷職還者栽松三千株　太平寰宇記卷九〇「宋」作「東晉」，「三千株」作「三十株」，疑作「三十株」較合情理。

〔五〕自梁以前立寺七十所今存者六　今本太平寰宇記卷九〇作「自梁以前立山寺十七所，即見在者一十三」。

〔六〕以司徒袁粲出鎮於此　馮本其下另多「梁安陸王大春亦以寧遠將軍鎮戍軍事於此」十八字。

〔七〕建康之南　底本、光緒本、吴本皆缺，據馮本、季本補，本書目録亦有。

〔八〕朱雀門孔對吴都城宣陽門　底本、光緒本、吴本同，馮本、季本「孔」作「北」。

〔九〕桐樹灣　底本、光緒本、吴本同，馮本、季本及景定建康志卷十九皆作「桐林灣」。

〔一〇〕玄武湖建康之北　「建康之北」，底本、光緒本、吴本皆缺，據馮本、季本補，本書目録亦有。

〔一一〕按建康實録吴後主皓寶鼎元年開城北渠引後湖水流入新宮巡遶殿堂窮極伎巧　「元年」，各本同，今本建康實録卷四作「二年」，吴書孫皓傳亦云寶鼎二年「夏六月，起顯明宮」，裴注云皓營新宮，「大開園囿，起土山樓觀，窮極伎巧，功役之費以億萬計」。此「元年」疑當爲「二年」之譌。

六朝事迹編類卷三

城闕門

越城

春秋時越既滅吴，盡有江南之地，於是築城江上，以鎮江險。圖經云：周回二里八十步，在秣陵縣長干里。後崔慧景寇建業，蕭懿入援，自采石濟岸頓越城，舉火臺上，鼓噪相慶，兹建業之南也。今南門外有越臺，與天禧寺相對，見作軍寨處是也。

金城

建康實録：金城，吴築，晉桓温咸康七年出鎮江乘之金城。後温北伐經金城，見爲琅琊時所種柳皆十圍，因歎曰：「木猶如此，人何以堪！」因攀枝執條，泫然流涕。楊修之金城詩亦引此爲據。又按古圖經：晉中宗於金城立琅琊郡，温嘗爲琅琊内史，至咸康七年出鎮金城，前云琅琊，蓋指此也。今去府城三十五里。

冶城

今天慶觀即其地也。本吴冶鑄之所，因以爲名。寰宇記：晉元帝大興初，以王導疾久，方士戴洋云：「君本命在申，而申地有冶，金火相爍，不利。」遂移冶城於石頭城東，以其地爲園。徐廣晉記云：成帝適司徒府觀冶城園，即此也。

臺城

建康實録：晉成帝咸和七年，新宫成，名建康宫。注：即今之所謂臺城也。在縣東北五里，周回八里。又按輿地志云：同泰寺南與臺城隔路，今法寶寺及圓寂寺，即古同泰寺之基，故法寶寺亦名臺城院。以此考之，法寶、圓寂二寺之南，蓋古臺城地也，今之基址尚在。元和初，陸喬家於丹陽，一夕有叩門者曰：「我沈約也。」呼左右召青箱來。俄一兒至，約指謂曰：「此吾子也，近從吾過臺城。」命爲感舊詩。因諷曰：「六代舊山川，興亡幾百年。繁華今寂寞，朝市昔喧闐。夜月瑠璃水，春風卵色天。傷時與懷古，垂淚國門前。」楊修之有詩云：「六朝遺跡好山川，宮闕灰寒草樹煙。江令白頭歸故國，多情合賦黍離篇。」

琅琊郡城

寰宇記云：晉元帝過江，爲琅琊國人立也，其城在江乘縣界。王隱晉書及山謙之南徐州記云：江乘南岸蒲州岸有琅琊城，〔一〕其地立琅琊內史以治之。圖經云：在縣東北六十三里，今句容縣有琅琊鄉，亦其地也。又按寰宇記：齊武帝永明六年，移琅琊郡於白下，在縣北十八里。〔二〕圖經直以蒲州津城爲白下，非也。又按南史：武帝永明六年，於琅琊城講武，習水步軍。九年，又幸其城講武，觀者傾都。梁徐欽業登琅琊城詩曰：「表裏窮形勝，襟帶盡巖巒。登陴起遐望，回首見長安。」

建康縣城

吴治城東，今天慶觀東是其地。寰宇記云：在縣西一里。晉太康三年，分淮水北爲建康縣，上元之地居多。

同夏縣城

南史：梁武帝以宋孝武大明元年生於秣陵縣同夏里三橋宅。〔三〕及即位，大通元年，分同夏里爲同夏縣。〔四〕寰宇記云：在城東十五里。其地在長樂鄉。

白下縣城

按圖經及寰宇記引輿地志云：本江乘之白石壘也。齊武帝以其地帶江山，移琅琊居之。唐武德元年罷金陵縣，築城於此，因其舊名曰白下。貞觀七年復舊治，〔五〕此地遂廢。今考唐書地理志云：武德三年，更江寧縣曰歸化。八年，更歸化曰金陵。九年，更金陵曰白下，隸潤州。貞觀九年，復更白下曰江寧。前説興廢本末，與此不同，宜以唐史爲正。又按南史：齊武帝欲修白下城，難於動役。劉係宗啓謫役在東民丁隨唐寓之爲逆者，上從之。後武帝講武白下，履行其地，曰：「係宗爲國家得此一城。」圖經云：在西北十四里，今靖安鎮北有白下城故基，父老傳云，即此地也。屬金陵鄉，去府城十八里。

臨沂縣城

按輿地志云：晉成帝咸康三年，〔六〕分江乘縣置臨沂縣，屬琅琊郡。陳亡遂廢。在府城北三十里。〔七〕

檀城

輿地志云：本謝玄之別墅，太傅謝安與玄弈棋所勝者，至宋屬檀道濟，故名檀城。圖經云：在縣東八里。今按建康實録：在墅城東八里，非去縣八里也。地圖謂之城子墅，今清風鄉有城子墅，在黄城橋之西即其地，去府城四十里。

蔣州城

杜佑通典：隋平陳，於石城置蔣州。寰宇記：輔公祏據江東，用爲揚州。唐趙郡王孝恭平公祏，又於其城置揚州大都督，後徙揚州於廣陵，此城遂廢。

吴固城

圖經云：在溧水縣西南九十里，高一丈五尺。羅城周回七里二百三十步，子城一百一里九十步。勝公廟記：〔八〕吴時瀨渚縣也。楚靈王與吴戰，吴兵不利，遂陷此城，吴乃移瀨渚於溧陽南十里，改爲陵平縣。靈王崩，平王立，使蘇迺爲將戰於吴，吴軍敗，收吴陵平縣，改爲平陵縣。自平王聽費無忌佞言，伍員奔吴，闔閭用爲將，舉兵破楚，奔南海，固城宫殿逾月煙焰不滅，其城遂廢。

石闕

縣北五里有四石闕，在臺城之門南，高五丈，廣三丈六寸，梁武帝所造。及成，命朝士銘之。時陸倕字佐公，其文甚佳，士流推伏。侯景作亂，焚燒宗廟，城郭府寺，百無一存。尋高麗、百濟等國入貢，見其凋殘，遂哭於闕下。楊修之有詩云：「雙石巍巍慰眼青，滿朝珍重佐公銘。宮城府寺俱灰燼，翻使夷人謾涕零。」

朱雀門

晉都城南門也。按晉書：新宮立三門於南面，正中曰宣陽，與朱雀門相對。王導嘗出宣陽門，望牛首山兩峯相向，導指爲天闕。牛首山在今城南門近東面，勢正與桐樹灣相對，以此地考之，在今上元南廂也。

白下門

兩漢地理志未有白下縣。按南史：宋明帝時，聞人謂宣陽門爲白門，以爲不祥，甚諱之。右丞江謐誤犯，帝變色曰：「白汝家門。」按唐會要及地理志，武德二年，更江寧曰歸化。八年，又更歸化曰金陵。九年，更金陵曰白下。貞觀九年，又更白下曰江寧，則白下縣始於此，然未知其得名之因。一説謂春秋時楚使子木之子勝處吴邑爲白公，考金陵吴邑也，恐白之得名自此始。一説謂本江乘縣之白石壘，以其地帶江山之勝，故爲城於此，曰白下城，東門謂之白下，正其往路也。一説謂齊武帝時已閲武於白下，自唐武德以後因之也。荆公東門詩有「東門白下亭」之句。參寥訪荆公詩曰：「苦嫌榮禄早收身，歸與漁樵共隱淪。白下門西山迤邐，興來長是岸烏巾。」徐師川詩曰：「廣陵纔過又金陵，白社還思白下亭。雁翅水連千里浪，蛾眉山出兩峯青。」正謂此也。

丹陽門

丹陽、丹楊、丹徒，各自有義。按前漢志秦鄣郡，乃漢丹陽郡，武帝二年更名也。九域志引江南地志云：漢丹陽郡北有赭山，丹赤，故因名曰丹陽，至東晉始以丹楊爲義。按地理志：建業、秣陵、丹楊、句容、溧陽、江寧，皆隸丹楊郡，屬揚州所統。注云：丹楊山多赤柳，在郡西，故曰丹楊。丹徒，春秋時謂之朱方。按建康實録：孫權鎮京口。注曰：秦始皇發赭衣刑徒伐山開道，故名邑曰丹徒。

校勘記

〔一〕江乘南岸蒲州岸有琅琊城　「蒲州岸」，庫本及太平寰宇記卷九〇引王隱晉書作「蒲洲津」。

〔二〕在縣北十八里　今本太平寰宇記卷九〇作「在縣西北十八里」。

〔三〕南史梁武帝以宋孝武大明元年生於秣陵縣同夏里三橋宅　「元年」當作「八年」。梁書武帝紀上云，梁武帝「大明八年甲辰生於秣陵縣同夏里三橋宅」。其卒於太清三年五月，年八十六，往上推溯，其生年亦當在大明八年，此作「元年」，係承襲南史之誤。

〔四〕大通元年分同夏里爲同夏縣　底本、光緒本、吴本、庫本皆作「大同元年，分同夏縣」。今據馮本、季本及太平寰宇記卷九〇改。

〔五〕貞觀七年復舊治　「七年」，太平寰宇記卷九〇作「十七年」。

〔六〕晉成帝咸康三年　「三年」，太平寰宇記卷九〇引輿地志作「七年」。

〔七〕在府城北三十里　「北」，太平寰宇記卷九〇作「西北」。

〔八〕勝公廟記　「勝」，太平寰宇記卷九〇作「滕」，勝、滕形近，必有一誤。

六朝事迹编類卷四

樓臺門 亭館附

落星樓

圖經云：在縣東北臨沂縣前。吴大帝時，山上置三層樓，樓高，故以此爲名。左太沖吴都賦云「饗戎旅乎落星之樓」是也。今石步相去一里半，有落星墩，里俗相傳即當時建樓處。今去城四十里。

烽火樓

圖經云：在石頭城西南最高處。楊修之詩注云：沿江築臺，以舉烽燧，自建康至江陵五千七百里，〔一〕有警半日而達。按南史：宋文帝元嘉二十七年，魏太武至瓜步，聲欲渡江，始議北侵，朝士多有不同。至是，帝登烽火樓極望，不悦，謂江湛曰：「北伐之計，同議者少，今日貽大夫之憂，在予過矣。」又齊武帝登烽火樓，詔羣臣賦詩，蕭穎冑詩合旨，帝謂穎冑曰：「宗室便不乏才。」

入漢樓

東晉書云：義熙八年，於石頭城東起入漢樓，在城西門外。

景陽樓

輿地志云：宋元嘉二十二年築，至孝武大明中，紫雲出景陽樓，因名之。今法寶寺西南，遺址尚存。

周處臺 亦名子隱堂〔二〕

府雉東南有故臺基，曰周處臺，今鹿苑寺之後。梅摯記云：按西晉史，處字子隱，義興陽羨人。〔三〕弱冠時好馳騁，不修細行，州曲患之。自知爲衆所惡，慨然有改勵之志。里人以三害切諷，於是射虎斬蛟，往見陸雲，具以誠告。〔四〕雲曰：「古人學道貴朝聞夕死，君前途尚可，第患志之不立，何憂名之不彰！」遂退而嚮學，有文，言必信，行必謹，如是期年，州府交辟，仕吴爲東觀左丞。吴平入洛界，遷郡太守，率有善狀，拜御史中丞，凡所糾劾，不避權貴。卒樹功名，没世遠耀。噫！天地至大，根一氣，陶萬化，未始無過，陰陽寒暑，小有繆戾，則從而改之，卒歸大化，而况於人乎？古聖賢本天地之性，以修其性，亦未嘗諱過，後之人不獨諱之而已，抑又從而文之，自底悔尤，良可嗟惜。惟子隱少而不逞，長乃自悟，一旦番然去惡即善，遂爲名世忠賢，可不重乎！則中人所稟，因物染遷，爲時詿誤，德有小眚，言有小疵，未甚子隱之害於而鄉，又何憚改爲哉！予因表是臺、新是堂，非止卜高明之居，包遊覽之勝，而與民同樂，亦將有激時世云。

衛玠臺〔五〕

晉書云：玠字叔寶，初字豫章，〔六〕南辭王敦歸建業。都人聞其姿容，觀者如堵。尋以疾終，〔七〕年二十七，時人謂之看殺，葬江寧。〔八〕楊修之有詩云：「年少才非洗馬才，珠光碎後玉光埋。江南第一風流者，無復羊車過舊街。」其臺傳在城南十里。

九日臺

南史：齊武帝永明五年四月，作商飆館於孫陵岡，世呼爲九日臺。〔九〕十道四番志云：武帝九月九日，以宴羣臣孫陵岡，即吳大帝蔣陵，今在鍾山鄉蔣廟之西南，俗呼爲松陵岡，去縣十二里。楊修之有詩云：「甲光如水戟如霜，御酒杯浮菊半黄。東日西風滿天仗，簫韶一部奏清商。」

雨花臺

梁武帝時有雲光法師講經於此，感得天雨賜花，天廚獻食。荆公有詩云：「盤互長干有絶陘，并包佳麗入江亭。新霜浦漵緜緜静，薄晚林巒往往青。」楊無爲有詩云：「空書來震旦，康樂造淵微。貝葉深山譯，曼花半夜飛。香清雖透筆，蘂散不霑衣。舊社白蓮老，遠公應望歸。」

梁昭明書臺

舊傳梁昭明太子著書於此，今遺址尚存蔣山定林寺後山北高峯上。

新亭

晉初元帝渡江，僕射周顗與羣臣遊宴，坐中歎云：「雖風土不殊，舉目有江山之異。」因而流涕。王導曰：「諸公當須戮力中原，以壯王室，何爲作楚囚悲邪！」衆皆肅然整容。宋孝武即位於新亭，僕射王僧達改爲中興亭，去城西南十五里，俯近江渚。楊修之有詩云：「滿目江山異洛陽，北人懷土淚千行。不如亡國中書令，歸老新亭是故鄉。」

五馬亭

晉元帝與彭城王雄、〔一〇〕西陽王羕、南頓王宗、汝南王祐南渡之後，〔一一〕當時讖云「五馬浮渡江，一馬化爲龍」，謂此也。亭今廢，其地屬金陵鄉，去城西二十五里幕府山之側。

東冶亭

晉太元中，於汝南灣東南置亭，爲士大夫餞送之所。楊修之有詩曰：「忍淚相看酒共持，一生心事幾人知。年年折盡東亭柳，此别緜緜無盡期。」舊傳在縣東八里。

白下亭

李白金陵白下亭留别詩云：「驛亭三楊樹，正當白下門。」王荊公有詩云：「東門白下亭，摧甓蔓寒葩。」則亭在東門明矣。荊公舊宅，在今報寧寺故基，其詩有「門前秋水可揚舲，有意西尋白下亭」之句，今廢矣。

翠微亭

在城西五里清涼寺山頂，南唐時建。林逋有詩云：「亭在江干寺，清涼更翠微。」陳軒金陵詩集注云：清涼寺翠微亭，最爲佳處。

賞心亭

丁晉公謂所建也。公以家藏袁安卧雪圖張於其屏，乃唐周昉筆，經十四太守無敢覬覦者，後爲一太守以凡筆畫蘆雁易之。王琪密學來作守，登臨賦詩曰：「千里秦淮在玉壺，江山清麗壯吴都。昔人已化遼天鶴，舊畫難尋卧雪圖。冉冉流年去京國，蕭蕭華髮老江湖。殘蟬不會登臨意，又噪西風入坐隅。」荆公有詩云：「檻折簷傾野水傍，臺城佳氣已消亡。難披草莽尋千古，獨倚青冥望八荒。坐覺塵沙昏遠眼，忽看風雨破驕陽。扁舟此日東南興，欲望江流萬里長。」又詩云：「霸氣消磨不復存，舊朝臺殿只空邨。孤城倚薄青天近，細雨侵尋白日昏。稍覺野雲成晚霽，卻疑山月是朝暾。此時江海無窮興，醒客無言醉客喧。」

三山亭

在城西五里清涼寺，石頭城之西，面對三山。其地屬金陵鄉。

儒學館

南史：宋文帝元嘉十五年，立儒學館於北郊，命雷次宗居之。即今覆舟山之南也。

湯泉館

徐鉉有湯泉舊館詩。今遺基尚存，在神泉鄉湯山之下。

儀賢堂

建康實録：吴時造，號爲中堂。楊修之詩注云：在臺城内。梁武帝謙恭待士，大通中有四人來，年七十餘，鶉衣躡履，行丐經年，無人知者。帝召入儀賢堂，給湯沐，解御服賜之。帝問三教九流及漢書事，了如目前，帝心異之。舉朝無識者，惟昭明太子識而禮重之，四人喜揖昭明如舊交，時目之爲四公子。楊修之有詩云：「兩兩鶉衣白髮翁，講筵談柄坐生風。昭明太子歡相得，應與商山四皓同。」

聽箏堂

晉孝武帝幸謝安宅，命讌，安侍坐，使桓伊吹笛，〔一二〕爲一弄畢，又撫箏按徽金縢曲，聲節慷慨，俯仰可觀。安淚下霑襟，乃越席捋其鬚曰：「使君於此不凡。」帝甚有媿色。此堂基至今樵采者不敢近。楊修之詩云：「雁柱鸞絃十有三，南山安石位巖巖。逡巡奏罷金縢曲，堂上霑襟歎不凡。」

祓禊堂〔一三〕

楊修之金陵詩註云：在縣北五里臺城内。天淵池架石引水爲流杯之所，六朝上巳日，宴錫公卿於此。輿地志云：宋元嘉二十二年，鑿天淵池，造景陽樓。今法寶寺之南有景陽樓古基，側有池，舊傳即天淵池。歲久湮没，今不復有堂矣。

蠶堂

隸縣北七里耆闍寺前沙市中，六朝皇后親蠶之所也。楊修之詩云：「摘繭抽絲女在機，茅簷葦箔舊堂扉。年年桑柘如雲緑，翻織誰家錦地衣。」

三閣

陳後主至德二年，於光昭殿前起臨春、〔一四〕結綺、望仙三閣，高數十丈，並數十間。其窗牖、户壁、欄檻之類，皆以沈檀爲之，又飾以金玉，間以珠翠，外施朱簾，内設寶帳，其服玩之屬，瑰麗皆近古所未有。每微風至，香聞數里，朝日初照，光映後庭。其下積石爲山，引水爲池，植以奇樹，雜以花藥。後主自居臨春閣，張麗華居結綺閣，麗華本兵家女，以織蓆爲業。龔、孔二貴妃居望仙閣，並複道交相往來。以宮人有文學者袁大捨等爲女學士，後主每引賓客江總等對貴妃遊宴，則使諸貴人及女學士與狎客賦詩，互相贈答，采其尤豔麗者以爲詞，被以新聲，采宮女有容色者千百數，習而歌之，分部迭進，持以相樂。其曲有玉樹後庭花、臨春樂等。麗華聰慧有神采，嘗於閣上靚妝，臨於軒檻，宮中遥望，飄若神仙，才辯强記，善候人顔色，薦諸宮女，後宮咸德之。又工厭魅之術，假鬼道以惑後主，置淫祀於宮中，聚諸女巫使之鼓舞。時後主怠於政事，百官啓奏，並因宦者蔡臨兒、〔一五〕李善度進請，後主每置張麗華於膝上共决之，大臣有不從者，因而譖之，言無不聽。於是張、孔之權熏灼四方，内外交結，貨賄公行，賞罰無常，綱紀瞀亂矣。及隋軍克臺城，二妃與後主俱入井，隋軍出之，晉王廣命斬之於青溪栅下。北史高熲傳：隋平陳，晉王廣欲納張麗華。熲曰：「武王伐紂戮妲己，今陳平不宜取麗華。」乃命斬之。當以北史爲正。

馳道

宋孝武帝作馳道，自閶闔北出承明抵真武湖十餘里，〔一六〕爲調馬之所也。楊修之有詩云：「路平如砥直如絃，官柳千株拂翠煙。玉勒金羈天下駿，急於奔電更揮鞭。」

層城觀　一名穿鍼樓

輿地志云：齊武帝七月七日使宫人集此。是夕穿鍼以爲乞巧之所，亦曰穿鍼樓，在臺城内。楊修之有詩云：「秋星如彈月如梳，宫妓香添乞巧鑪。萬縷千鍼同一意，眼穿腸斷得知無。」

齊雲觀

陳後主禎明二年，建在臺城内。國人歌曰：「齊雲觀，寇來無際畔。」楊修之詩云：「上界笙歌下界聞，縷金羅袖鬱金裙。倚欄紅粉如花面，不見巫山空暮雲。」

桂林苑

寰宇記云：桂林苑，在縣北落星山之陽。左太沖吴都賦云「數軍實乎桂林之苑」，即此地也。

樂遊苑

輿地志云：在晉爲藥園，宋元嘉中以其地爲北苑，更造樓觀，後改爲樂遊苑。宋孝武帝大明中，造正陽、林光殿於内。梁侯景之亂，焚毁略盡。陳天嘉六年，〔一七〕更加修葺，陳亡遂廢。又按建康實録：宋文帝元嘉十一年三月，禊飲於樂遊苑。會者賦詩，顔延之爲序。南史：梁大通三年，武帝幸樂遊苑，時新造兩刀矟〔一八〕，長二丈四尺，圍一尺三寸。帝因賜羊侃河南國紫騮馬試之。侃執矟上馬，左右擊刺，特盡其妙。觀者登樹，樹俄而折，因號其矟爲折樹矟。及陳宣帝即位，北齊使常侍李騊駼來聘，賜宴樂遊苑，尚書令江總作詩以贈之。寰宇記云：其地在覆舟山南，去縣六里。

上林苑

南史：宋孝武大明三年，於真武湖北立上林苑。建康實録云：在縣北十三里有古池，俗呼爲飲馬塘。楊修之詩注云：其苑連雞籠山，在縣北七里。

芳林苑

寰宇記云：芳林苑，一名桃花園，本齊高帝舊宅，在府城之東，秦淮大路北。武帝永明五年，嘗幸其苑禊宴。王融曲水詩序云「載懷平浦，乃眷芳林」，蓋謂此也。又按南史：齊時青溪宮改爲芳林苑。梁天監初，賜南平元襄王爲第，益加穿築，果木珍奇，窮極雕靡，命蕭子範爲之記。蕃邸之盛，無以過焉。

芳樂苑

齊東昏侯方在位，時與宫人於閲武堂元會，皇后正位，閹人行儀，帝戎服臨視。又於閲武堂爲芳樂苑，窮奇極麗，多種樹木，日與潘妃放恣褻瀆不可言。明帝崩，竟不一日蔬食，居處衣服無改平常。潘妃生女百日而亡，制斬衰杖絰衣悉麤布，羣小來弔，盤旋坐地，舉手受執蔬膳，積旬不聽音樂，左右直長閹豎等共營肴羞，爲天子解菜。又於苑中立店肆，模大市，日游市中，雜所貨物，與宫人閹豎共爲裨販。以潘妃爲市令，自爲市吏録事，將鬬者就妃罰之。帝小有得失，潘則杖之。開渠立埭，躬自引船，埭上設店，坐而屠肉。於時百姓歌云：「閱武堂，種楊柳。至尊屠肉，潘妃酤酒。」

校勘記

〔一〕自建康至江陵五千七百里　吴書孫皓傳注引干寶晉紀、建康實録卷四並載吴使紀陟答司馬昭曰「自西陵以至江都，五千七百里」，此云「自建康至江陵」，誤。

〔二〕亦名子隱堂　底本、光緒本、吴本皆缺，今據馮本、季本補，本書目録亦有。

〔三〕義興陽羨人　陽羨漢屬吴郡，吴寶鼎元年冬分屬吴興郡（見吴書孫皓傳）晉惠帝永興元年分屬義興郡（見晉書地理志下）其時周處已卒，此稱「義興陽羨人」，蓋以後蒙前。文選潘岳關中詩注引王隱晉書作「吴興人」。

〔四〕往見陸雲具以誠告　周處入吴尋二陸（陸機、陸雲）事，最早見載世説新語自新篇，唐修晉書採入正史，然史實有誤，清人勞格晉書校勘記辨之甚詳。勞格據周處、陸機兩人生年推算，「處於弱冠之年，陸機尚未生」，故此事「未免近誣」。世傳陸機撰周處碑有「來吴事余厥弟」之語，言處師事陸雲，然「此碑係唐劉從諫所重樹，竄改舊文，事迹錯互」，顧炎武金石文字記力辨此碑爲僞作。周處「往見陸雲」云云，當張氏承襲劉碑之誤。

〔五〕衛玠臺　坿識云：「景定志有衛玠墓而無衛玠臺，此書亦未言築臺之故，疑誤。」

〔六〕初字豫章　衛玠於永嘉末南行避亂至豫章，世説新語言語篇作「行至豫章」，晉書本傳作「遂進豫章」，此「字」疑「至」或「進」字之誤。

〔七〕南辭王敦歸建業都人聞其姿容觀者如堵尋以疾終　世説新語容止篇同，然劉孝標駁正之，注云：「按永嘉流人名曰：『玠以永嘉六年五月六日至豫章，其年六月二十日卒。』此則玠之南度豫章四十五日，豈暇至下都（建康）而亡乎？且諸書皆云玠亡在豫章，而不云在下都也。」言語篇注引衛玠别傳亦云玠「行至豫章，乃卒」。據此則玠未至建康也。

〔八〕葬江寧　世説新語傷逝篇注引永嘉流人名及衛玠别傳云「玠以六年六月二十日亡，葬南昌城許徵墓東」，「咸和中改遷於江寧」。晉書本傳亦同，此僅云「葬江寧」，殊爲疏簡。

〔九〕南史齊武帝永明五年四月作商飈館於孫陵岡世呼爲九日臺　「五年」各本皆作「四年」。南史齊本紀上云：永明五年「夏四月庚午，殷祀太廟，降諸囚徒。先是，立商飈館於孫陵岡，世呼爲九日臺，秋九月辛卯，車駕幸焉。」南齊書武帝紀亦同。蓋九日臺作於永明五年四月，同年九月辛卯武帝幸臺，九月癸未朔，辛卯爲九月九日，故名之九日臺。此作「四年」，係張氏誤記，今據改。

〔一〇〕彭城王雄　「雄」，底本、光緒本作「元」，吴本、馮本、季本、庫本作「玄」，皆誤。彭城王司馬釋薨於永嘉三年正月（見晉書懷帝紀），即以子雄嗣彭城王，後雄於咸和二年十二月「坐奔蘇峻伏誅」（見成帝紀），釋另有一子紘，先嗣高密王據，自雄伏誅後於咸和四年三月還嗣，薨於咸康八年八月辛丑（見康帝紀），紘有二子玄、俊，俊仍嗣高密王據後，玄嗣彭城王（見宗室傳）。「五馬」過江之彭城王乃雄，非玄，今據改。

〔一一〕汝南王祐　「祐」各本皆作「宏」，晉宗室王無名宏者。晉書汝南王亮傳云汝南王亮與世子矩同爲楚王瑋所害，矩「子祐立，是爲威王」。「永嘉末，以寇賊充斥，遂南渡江，元帝命爲軍諮祭酒」。「宏」當「祐」之誤，今據改。

〔一二〕晉孝武帝幸謝安宅命讌安侍坐使桓伊吹笛　晉書桓伊傳、建康實録卷九皆云「帝召伊飲讌，安侍坐，帝命伊吹笛」，則飲宴與伊吹笛皆在帝所，非安宅也。季本眉批云：「此段當照晉書録全首尾。」已指出此爲張氏割裂史書之誤。

〔一三〕祓禊堂　馮本、季本其下並有注文：「上音拂，下音系，除惡祭也。」

〔一四〕光昭殿　南史張貴妃傳、通鑑卷一七六同，陳書作「光照殿」。

〔一五〕蔡臨兒　南史張貴妃傳同，陳書、通鑑卷一七六並作「蔡脱兒」。

〔一六〕宋孝武帝作馳道自閶闔北出承明抵真武湖十餘里　宋書孝武帝紀、南史宋本紀中並云，宋孝武大明五年「閏（九）月丙申，初立馳道，自閶闔門至於朱雀門，又自承明門至於玄武湖」。據此，當爲南北二條馳道。應以宋書、南史所記爲正。

〔一七〕陳天嘉六年　「六年」，建康實録卷十二注引輿地志作「二年」。

〔一八〕兩刀稍　南史羊侃傳作「兩刃稍」，是。

六朝事迹編類卷五

江河門 溝渠溪井附

大江

西接江寧界，東接句容界，北接真州六合縣界，沿流一百二十里。按三國志吴書：魏文帝有渡江之志，徐盛從建業築圍，上設假樓，江中浮船。文帝到廣陵，望圍愕然，彌漫數百里，而江水盛長，便引退。文帝歎曰：「魏雖有武騎千羣，無所用也。」又按江南野史：周世宗問孫忌江南虚實，忌曰：「長江千里，險過湯池，可敵十萬之師。」世宗聞而忌之。

秦淮

秦始皇東巡會稽，經秣陵，因鑿鍾山，斷金陵長隴以疏淮。或云斷金陵長隴乃方山也。其淮本名龍藏浦，上有二源：一源發自華山，經句容西南流；華山，在句容縣界，高九里，似蔣山。一源發自東廬山，經溧水西北流，入江寧界。東廬山，在溧水縣東南十五里，高六十八丈，周回二十里，山西一源入秦淮。二源合自方山埭，西注大江。其分派屈曲，不類人功，疑非秦皇所開，而後人因名秦淮者，以鑿方山言之。楊修之有詩曰：「一氣東南王斗牛，祖龍潛爲子孫憂。金陵地脈何曾斷，不覺真人已姓劉。」

直瀆

吴後主孫皓所開，隸鍾山鄉，去縣三十五里，西至霸埂，〔一〕東北接竹港，流入大江。楊修之詩注云：瀆在幕府山東北，長十四里，闊五丈，深一丈。〔二〕初開之時，晝穿夜復自塞，經年不就。傷足役夫卧其側，夜見鬼物來填，因嗟歎曰：「何不以布囊盛土，棄之江中，使吾徒免殫力於此。」傷者異之，曉白有司，如其言乃成，瀆道直，故名曰直瀆。輿地志曰：白下城西南有蟹浦，蟹浦西北有直瀆。伏滔北征記云：吴將甘寧墓在此，俗云墓有王氣，孫皓惡之，乃鑿其後爲直瀆。又按晉書：蘇峻舉兵，温嶠帥師救京師，遣王愆期、鄧嶽爲前鋒，〔三〕次直瀆，即此地也。楊修之有詩曰：「晝役人功夜鬼功，陽開陰闔幾時終。不聞擲土江中語，爭得盈流一水通。」

横塘

吴大帝時，自江口沿淮築堤，謂之横塘。楊修之有詩云：「早潮纔過晚潮來，一一軒窗照水開。鑑面無塵風不動，分明倒影見樓臺。」

青溪

建康實録：吴赤烏四年冬，鑿東渠，名爲青溪。寰宇記云：青溪在縣東六里，闊五丈，深八尺，以洩玄武湖水。輿地志云：青溪發源鍾山，入於淮，連綿十餘里。溪口有埭，埭側有神祠，曰青溪姑。今縣東有渠，北接覆舟山，以近後湖，里俗相傳此青溪也。其水迤邐西出，至今上水閘相近，皆名青溪。陶季直京都記云：京師鼎族多在青溪埭，尚書孫瑒、尚書令江總宅，當時並列溪北。又南史：齊永明元年，望氣者言：新林、婁湖有王者氣，帝迺築青溪舊宫，作新林、婁湖苑以厭之。又建康實録云：郗僧施泛舟溪中，每經一曲作詩一首。隋煬帝平陳，斬張麗華、孔貴嬪二人於此柵下。楊修之有詩云：「傾城傾國兩妃嬪，此地聞名不見人。潛想舊時紅粉面，落花風裹步香塵。」

潮溝

輿地志：潮溝，吴大帝所開，以引江潮。建康實録云：其北又開一瀆，北至後湖，以引湖水，今俗呼爲運瀆。其實自古城西南行者是運瀆，自歸善寺門前東出至青溪者名潮溝；〔四〕其溝向東已湮塞，西則見通運瀆。按實録所載皆唐事，距今數百年，其溝日益湮塞，未詳所在。今府城東門外，西抵城濠有溝，東出曲折，當報寧寺前，里俗亦名潮溝，比近世所開，非古潮溝也。

霹靂溝

王荆公詩云：「霹靂溝西路，柴荆四五家。憶曾騎款段，隨意入桃花。」在城東五里。

北渠

吴後主引北湖水入宫城，巡遶堂殿，窮極機巧，費役萬工。楊修之有詩云：「金殿分來玉砌流，黑龍湖撒鳳池頭。後庭花落恩波斷，翻與南唐作御溝。」在城北二里。

蟹浦

輿地志云：白下城西南有蟹浦，源出鍾山，北流九里入大江。在城西北十六里。

覆杯池

晉元帝中興，頗以酒廢政，丞相王導奏諫，帝因覆杯於池中，以爲誡。楊修之有詩云：「金杯覆處舊池枯，此後還曾一醉無。東晉中興股肱力，元皇亦學管夷吾。」今城北三里西池是也。

落叉池

蔣山寶公塔之東，悟真菴前。舊傳迦毗羅神與隋梵僧密多至此交戰，神落叉於此池，因以得名。

石池

臺城内千福禪院，〔五〕本梁同泰寺，後吴順義二年置院。前有醜石四，各高丈餘，名三品石。西有白蓮閣，閣下有小石池，面方一丈餘，言是陳時景陽井。今有古石井欄，其上本鐫刻文字，悉已殘毁，惟「戒哉」二字可辨，今名法寶院。楊修之有詩曰：「蘿蔓藤花歲自添，露痕還似雨痕霑。莫將廢苑爲閒地，猶可巖巖使具瞻。」

邀笛步

舊名蕭家渡，在城東南青溪橋之右，今上水閘是也。晉書云：桓伊善樂，盡一時之妙，爲江左第一。有蔡邕柯亭笛，常自吹之。王徽之赴召京師，泊舟青溪側。伊素不與徽之相識，自岸上過。船中客稱伊小字曰：「此桓野王也。」徽之令人諭之曰：「勝聞君善吹笛，爲我一奏。」伊是時貴顯，素聞徽之名，便下車，踞胡牀，爲作三調，弄畢，便上車去，客主不交一言。故今名爲邀笛步也。

太子湖

吳宣明太子孫登所創，謂之西池。晉元帝即位，明帝爲太子，更加修之，多養武士，於池內築土爲臺，時人呼爲太子西池。建康實録：晉太元十年夏四月，苻堅爲姚萇〔六〕、慕容沖所逼，遣使求救，詔太保謝安率衆救秦。帝自行西池，宴羣臣餞安。在城北六里，周回十里。

迎擔湖

南徐州記云：費縣西北八里有迎擔湖。昔晉永嘉中，元帝南遷，〔七〕衣冠席卷過江，客

主相迎湖側，遂以此爲名。在府北五里石城後，其湖溉田三十頃。〔八〕

蘇峻湖

南徐州記云：迎擔湖西北有蘇峻湖，本名白石陂。建康實録：晉成帝咸和二年，蘇峻舉兵，逼帝遷於石頭，陶侃、温嶠、庾亮陣於白石，使將軍楊謙攻峻於石頭。峻輕騎出戰，謙詐北奔白石壘，峻逼之，纔交鋒，峻墜馬，侃督護李陽臨陣斬峻於白石陂岸。〔九〕至今呼此陂爲蘇峻湖，在城西北十五里，〔一〇〕周回十里。

半陽湖

輿地志云：江乘縣南有半陽泉，半冷半熱。又南徐州記云：江乘縣南有半陽泉，半冷半熱，熱處可爛物，冷處如冰，熱處魚入冷處即死，冷處魚入熱處亦死，民種稻則溉熱水，〔一一〕一年再熟。今廢。楊修之有詩云：「江南龍節水爲鄉，水不純陰又半陽。一片湖光共深淺，兩般泉脈異温涼。」在城東北四十里，周回十五里。

絳巖湖

圖經云：在句容縣西南三十里。源出絳巖山，周回二十里，溉田一百頃，〔一二〕舊收歲課錢二百二十貫，咸平三年正月奉敕除放。

固城湖

圖經云：水路在溧水縣南九十五里，周回一百里，東西二十五里，南北三十里。有四派，東經五堰，經常州宜興縣界，入太湖。

丹陽湖

圖經云：在溧水西八十里，周回一百九十五里，〔一三〕與太平州當塗縣分界。昔唐李白常遊此湖，酷愛其景，乃張帆載酒，縱意往來，而作詩曰：「湖與元氣連，風波浩難止。天外賈客歸，雲間片帆起。龜遊蓮葉上，鳥宿蘆花裏。〔一四〕少婦棹輕舟，〔一五〕歌聲逐流水。」

溧陽源

圖經云：在縣西北二十三里曹姥山，〔一六〕西經溧水縣，東流入縣界，又南流三十里入長塘湖，一名瀨水。吴越春秋云：伍子胥奔吴至瀨渚，遇女子，因跪乞食。女食之，授以壺漿。誡曰：「勿言。」既濟，女已投水。後子胥伐楚還，投金於瀨水以報之。須臾，有嫗行哭而來，曰：「吾女三十不嫁，遇窮人食之，投水而死。」乃取金以歸。水次有碑，李白文。

麾扇渡

圖經云：在縣東南四里，故朱雀航之左。晉廣陵相陳敏反，南渡江時，假顧榮丹陽内史。榮發舟南岸，敏率衆萬餘人出，不獲濟，榮以白羽扇麾之，其軍遂自潰，因以爲名也。楊修之有詩云：「旌旗爍日刃凝霜，甲馬如龍人似狼。羽扇一麾風偃草，策勳多謝顧丹陽。」

五馬渡

圖經云：在縣西北二十三里幕府山之前，晉元帝與彭城等五王渡江處。按晉書：太安之際，童謡云：「五馬浮渡江，一馬化爲龍。」及永嘉中，元帝登大位，乃其符云，五馬之名取此。

桃葉渡〔一七〕

圖經云：在縣南一里秦淮口。桃葉者，晉王獻之愛妾名也。其妹曰桃根。獻之詩曰：「桃葉復桃葉，渡江不用楫。但渡無所苦，我自迎接汝。」不用楫者，謂横波急也。嘗臨此渡歌送之。楊修之有詩云：「桃葉桃根柳岸頭，獻之才調頗風流。相看不語横波急，艇子翻成送莫愁。」

白鷺洲

圖經云：在城西南八里，周回十五里，對江寧之新林浦。唐李白詩云：「三山半落青天外，二水中分白鷺州。」

長命洲

梁武帝放生之所也，在石頭城前。帝日市鵝鴨鷄豚之屬放此洲，名爲長命洲。置户十家常以粟穀餧飼，歲各千石，而爲狐狸所食及掌户竊而烹者各半。輿地志：魏使李恕來聘，帝時於此放生，問恕曰：「北主頗知此事乎？」對曰：「魏國不殺亦不放。」帝無以應之。楊修之有詩云：「梁武慈悲不鼎烹，蒙恩豢養亦虚名。狐狸口腹應潛飽，就死多於日放生。」

葛仙丹井

仙翁葛玄煉丹井也。按建康實録：吴大帝好道術，玄嘗與遊處，後玄白日昇天。其井尚存，外有石欄，相傳云南唐所造。今去城四十里方山頂上是也。

應潮井

蔣山頭陀寺中塔記云：梁大同元年，後閤舍人石興造。山頂第一峯佛殿後，有一井泉，與江潮盈縮增減相應。楊修之有詩云：「碧甃時時減復增，山頭海面密相應。古來泉脈誰穿鑿，潮落潮生不暫澄。」

景陽井 一名胭脂井

臺城中景陽宫井也。按南史：隋克臺城，陳後主與張麗華、孔貴嬪俱入井，隋軍出之。故杜牧之詩云「三人出智井」，謂此也。其井有石欄，上多題字。舊傳云，欄有石脈，以帛拭之，作胭脂痕。或云石脈之色類胭脂故云。圖經不載。楊修之有詩云：「擒虎戈矛滿六宮，春花無樹不秋風。倉黄益見多情處，同穴甘心赴井中。」唐李白金陵歌曰：「石頭巉巖如虎踞，凌波欲過滄江去。鍾山龍盤走勢來，秀色横飛歷陽樹。四十餘帝三百秋，功名事迹隨東流。白馬小兒誰家子，泰清之歲來關囚。金陵昔時何壯哉，席卷英豪天下來。冠蓋散爲雲霧盡，〔一八〕金輿玉座成寒灰。扣劍悲吟空拙嗟，梁陳白骨亂如麻。天子龍沈景陽井，誰歌玉樹後庭花？此地傷心不能道，目下離離長春草。送爾長江萬里心，他年來訪商山皓。」

藏冰井

覆舟山上有凌室，乃六朝每歲藏冰於此也。楊修之有詩云：「尤喜凌人職未隳，閉藏出納示箴規。戰競國步艱難者，常似臨深履薄時。」在城東北十里。

校勘記

〔一〕西至霸埂　馮本、季本「埂」下並注文「古杏切，坑也」五字。

〔二〕深一丈　「一」，馮本、季本作「二」。

〔三〕王愆期鄧嶽　各本皆誤作「王愆鄧期兵」。鄧期兩字倒誤，今乙正。「兵」當作「岳」，形近致誤。鄧岳即鄧嶽，岳爲本名，以犯晉康帝諱改嶽。今據晉書成帝紀、温嶠傳、鄧嶽傳改正。

〔四〕至青溪者　「至」原作「自」，據馮本及建康實録卷二注改。

〔五〕臺城内千福禪院　「福」原作「佛」，據吴本、馮本、季本改，十國春秋吴睿帝紀亦云順義二年，「以同泰寺之半置臺城千福院」。

〔六〕苻堅　「苻」各本皆作「符」。晉書苻洪載記云，本姓蒲氏，後「洪亦以讖文有『艸付應王』，又其孫堅背有『艸付』字，遂改姓苻氏」。晉書載記、通鑑一〇四及本書卷一皆作「苻堅」，今據改。

〔七〕昔晉永嘉中元帝南遷　「永嘉」原誤作「元嘉」，今據馮本、季本改，太平寰宇記卷九〇引南徐州記不誤。

〔八〕其湖溉田三十頃　「頃」原作「里」，據馮本、季本改正。

〔九〕侃督護李陽臨陣斬峻於白石陂岸　晉書成帝紀、建康實録卷七同，晉書蘇峻傳、通鑑卷九四並云峻「將回趨白木陂，馬躓，侃部將彭世、李千等投之以矛，峻墜馬，斬首」，與此相異。又「白石陂」作「白木陂」，通鑑胡注云「在東陵東」。

〔一〇〕在城西北十五里　「十五里」，建康實録卷七作「二十里」。

〔一一〕民種稻則溉熱水　「稻」原誤作「滔」，它本皆不誤，今據改。

〔一二〕溉田一百頃　「頃」原作「傾」，據吴本改。

〔一三〕周回一百九十五里　元和郡縣圖志卷二十八作「周迴三百餘里」。

〔一四〕鳥宿蘆花裏　「宿」原作「送」，今從吴本、馮本、季本、庫本，李太白全集卷二十二姑熟十詠丹陽湖詩亦作「宿」。

〔一五〕少婦棹輕舟　「少婦」，李太白全集卷二十二姑熟十詠丹陽湖詩作「少女」。

〔一六〕在縣西北二十三里曹姥山　光緒本同，吴本、馮本、季本「二十三」作「四十」，讀史方輿紀要卷二一〇亦同。

〔一七〕桃葉渡　參見坩識桃葉渡條。

〔一八〕冠蓋散爲雲霧盡　「雲霧」，李太白全集卷七金陵歌送别范宣詩作「烟霧」。

六朝事迹編類卷六

山岡門

石硊山 硊，牛委切

輿地志云：秦始皇時，望氣者云：「江東有天子氣。」乃東遊以厭之，又鑿金陵，以斷其勢。今方山石硊，是其所斷之地也。孫盛云：「東至方山有直瀆，自瀆至此山，或云是秦時所掘山。」今方山西九里有大壟枕淮，合壟悉是石，名石硊。京師溝塘累石，悉鑿此壟取之。在城東南四十五里。

天闕山

晉元帝即位，起宮殿城闕。郭璞云：「闕不便。」王導乃指牛頭山爲天闕。楊修之有詩云：「牛頭天際碧凝嵐，王導無稽示妄談。若指遠山爲上闕，長安應合指終南。」

鳳臺山

宋元嘉中，鳳凰集於是山，乃築臺於山椒，以旌嘉瑞。在府城西南二里，今保寧寺是也。唐李白詩曰：「置酒延落景，金陵鳳凰臺。長波瀉萬古，心與雲俱開。昔時有鳳凰，〔一〕鳳凰爲誰來。鳳凰去已久，正當今日回。明君越羲軒，天老坐三台。豪士無所用，彈琴醉金罍。〔二〕東風吹山花，安可不盡杯？六帝没幽草，深宫冥綠苔。置酒勿復道，歌鐘但相催。」又詩曰：「鳳凰臺上鳳凰遊，鳳去臺空江自流。吴時花草埋幽徑，晉代衣冠成古丘。三山半落青天外，二水中分白鷺洲。總爲浮雲能蔽日，長安不見使人愁。」南唐宋齊丘有詩云：「嵯峨壓洪泉，岝峉撐碧落。宜哉秦始皇，不驅亦不鑿。上有布政臺，八顧皆城郭。山蹙龍虎健，水黑螭蜃作。白虹欲吞人，赤驥相搏攫。畫棟泥金碧，石路盤磽确。倒挂哭月猿，危立思天鶴。鑿池養蛟龍，栽桐棲鸑鷟。梁間燕教雛，石罅蛇懸殼。養花如養賢，去草如去惡。日晚嚴城鼓，風來蕭寺鐸。掃地驅塵埃，翦蒿除鳥雀。金桃帶葉摘，綠李和衣嚼。貞竹無盛衰，媚柳先摇落。塵飛景陽井，草合臨春閣。芙蓉如佳人，回首似調謔。當軒有直道，無人肯駐脚。夜半鼠勃窣，天陰鬼敲椓。松孤不易立，石醜難安著。自憐啄木鳥，去蠹終不錯。晚風吹梧桐，樹頭鳴嚗嚗。峩峩江令石，青苔何淡薄。不話興亡事，舉首思眇邈。吁哉未到此，褊劣同尺蠖。籠鶴羨鳧毛，猛虎愛蝸角。一日賢太守，與我觀槖籥。往往獨自語，天帝相唯諾。風雲偶不來，寰宇銷一略。我欲烹長鯨，四海爲鼎鑊。我欲取大鵬，天地爲矰繳。音勺，絲縷也。安得生羽翰，雄飛上寥廓。」其詩刻今在保寧寺。

覆舟山

寰宇記云：在城北五里，周回三里，高三十一丈，東接青溪，北臨玄武湖，狀如覆舟，因以爲名。輿地志云：宋元嘉中，改名玄武山，以其臨玄武湖，山復有玄武觀故也。晉北郊壇、宋藥園壘、樂遊苑、冰井、甘露亭，皆在此山。

幕府山

寰宇記云：在城西北二十里，周回三十里，高七十丈，東北臨直瀆浦，西接寶林山，南接蟹浦。輿地志云：臨沂縣東八里有幕府山。寰宇記云：晉元帝自廣陵渡江，建康城荒落，以府第居縣北山下，因以幕府山爲名。圖經云：丞相王導建幕府於此山，因名之。山上有虎跑蒲包切，蹴也。泉，其西巔有仙人臺。宋明帝高寧陵在山西，〔三〕王導、温嶠亦葬山西。〔四〕又按寰宇記云：陳武帝破北齊軍四十六萬於幕府山下，〔五〕至後主禎明中，嘗幸此山校獵，虞世南獻賦以美之。楊修之有詩云：「六代繁華一瞬間，平蕪遠樹不勝閒。倚樓天暝雲如幕，知是琅琊幕府山。」

雞籠山

寰宇記云：在城西北九里，西接落星澗，〔六〕北臨棲玄塘。輿地志云：雞籠山，在覆舟山之西二百餘步，其狀如雞籠，因以爲名。按南史宋文帝元嘉十五年，〔七〕立儒館於北郊，命雷次宗居之。次宗因開館於雞籠山，齊高帝嘗就次宗受禮及左氏春秋。又竟陵王子良嘗移居雞籠山下，集四學士鈔五經、百家爲四部要略千卷。又按，宋文帝元嘉中改爲龍山，以黑龍嘗見玄武湖，〔八〕此山正臨湖上，因以爲名。今去縣六里。晉元帝、明帝、成帝、哀帝四陵，皆在山南，中有佛寺五所。

方山

寰宇記云：山高一百一十六丈，周回二十七里。〔九〕圖經云：四面方如城，東南有水，下注長塘，流溉平陸。又按輿地志云：湖熟西北有方山，頂正方，上有池水。山謙之丹陽記曰：山形方如印，故曰方山，亦名天印山。秦始皇鑿金陵，此山是其斷處。文選謝靈運東出，鄉里相送至方山，靈運嘗賦詩，其略云：「解纜及流潮，懷舊不能發。」又按南史：宋何尚之爲尚書令，元嘉末致仕，於方山著退居賦，以明所守。議者咸謂尚之不能固志，後果然。又按，齊武帝嘗幸方山，顧左右曰：「朕欲經始山之南，復爲離宮，期勝新林苑。」徐孝嗣答曰：「繞黄山，款牛首，乃盛漢之事，今江南未廣，願少留神。」乃止。圖經謂齊武帝於方山築苑，不知何所據而云。今在城東南四十五里。

攝山

寰宇記云：周回四十里，高一百三十二丈，東連畫石山，南接落星山。陳江總攝山棲霞寺碑文云：南徐州琅琊郡江乘縣有攝山，其狀似繖，亦名繖山。尹先生記云：山多草藥，可以攝養，故以攝爲名。南史：齊明僧紹住江乘攝山，今棲霞寺即其宅也。今去城四十五里。

東山

上元縣有兩東山，一在崇禮鄉，今土山是也。晉書：謝安寓居會稽，棲遲東山，此安之舊隱也。後於土山營築，以擬東山，今去縣二十里。一在鍾山鄉蔣廟東北，宋劉勔隱居之地。南史：勔嘗經始鍾嶺，以爲棲息，及造園宅，名爲東山，今去縣十五里。陳軒金陵集載李白、李建勳東山詩，皆指土山而作。

白山

圖經云：舊屬江乘縣，周回八里，高八十丈，東接竹堂山，南接蔣山，北連攝山，西有水，下注平陸。輿地志云：階礎碑石悉出此山。南史：梁散騎常侍韋載有田十餘頃，〔一〇〕在江乘縣之白山。天嘉元年，遂築室而居，屏絶人事，不入籬門者十載。〔一一〕今去縣二十里。

湯山

寰宇記云：在縣東北，其西接雲穴山，山不甚高，無大林木，有湯泉出其下，大小凡六處。湯磵繞其東南，四時常熱，禽鳥之類入之輒爛，以煮豆穀，終日不熟，草木濯之，轉見鮮茂。舊有湯泉館，今廢。去縣五十里。

大壯觀山

圖經云：在城北一十八里，周回五里，高二十丈，東連蔣山，西有水，下注平陸，南臨玄武湖，北臨蠡湖。舊經謂陳宣帝起大壯觀於此山，因以爲名。南史：宣帝太建十一年八月，幸大壯觀，因大閱武，命都督任忠領步騎十萬陣於玄武湖。上登玄武門，〔二〕觀宴羣臣，因幸樂遊，設絲竹之會，仍重幸大壯觀，振旅而還。

臨沂山

圖經云：在城東北四十里，周回三十里，高四十丈，東北接落星山，西臨大江，西南有舊臨沂縣城。

祈澤山

舊經云：初法師嘗結茅於此，有龍女來聽講，既而神泉涌於講座下，後遂爲祈禱水旱之所，山因此得名。高五十丈，周回十里，東連彭城山，北連青龍山。今去縣二十三里。

盧龍山

圖經云：在城西北十六里，周回五里，高三十六丈。東有水，下注平陸，西臨大江。舊經云：晉元帝初渡江到此，見山嶺緜延，遠接石頭，真江上之關塞，以比北地盧龍山，因以爲名。

馬鞍山

圖經云：以形似得名。西臨大江，東與石頭城相接。南史：陳後主禎明三年，隋將濟江，宜黄侯慧紀自荆州帥將士沿江而下，欲趨臺城。遣南康太守呂肅將兵以鐵鎖横江，〔一三〕隋將楊素奮兵擊之，爭馬鞍山四十餘戰，隋軍死者五千餘人。今去城十里。

大城山

圖經云：周回二十二里，高八十二丈，南接苻堅山，西接鴈門山，北接竹堂山。今去城七十里。

望祭山

東晉成帝於北郊，以白山、鍾山配四十四神之數兼祭之。按通典：梁武帝省四望座，惟鍾山及松江、浙江、五湖、白石山并存之。

絳巖山

圖經云：在句容縣西南三十里，周回二十四里，高一百六十五丈。上有龍坑祠壇。江南地志云：漢丹陽縣北有赭山，其土赤，因爲郡名，本名赤山。唐天寶六年，改名絳巖山。

竹里山

圖經云：在句容縣。方輿地記云：行者以其途傾險，號曰翻車峴。鮑昭有行翻車峴詩，即此山也。

濁山

圖經云：在溧水縣東南十里，高一十丈，周回五里，山北濁水出焉。輿地志云：溧水縣有濁山，下有濁水，即秦淮之源也。

東盧山

圖經云：在溧水縣東南一十五里，高六十八丈，周回二十里。有三水源：一出山西，流入秦淮；一自山東北，流入馬沈港；一自山東南吴漕，流入丹陽湖。丹陽記云：溧水縣東有盧山，與丹陽分界，俗傳云以盧舍爲名。又云嚴子陵嘗結盧於此。

大巫山

圖經云：在溧陽縣北四十五里，周回二百五十步，高八丈，長塘湖内，接鎮江府金壇縣界。

小巫山

圖經云：在溧陽縣東北二十五里，周回四里，高五丈，長塘湖内，石上有獸跡。

平陵山

圖經云：在溧陽縣西北三十五里，高三丈，周回三里。晉書云：咸和四年，李閎斬韓晃、蘇逸於此。〔一四〕

鐵冶山

圖經云：在溧陽縣西南七十里，周回二十里，高一百八十丈。輿地志云：前代鐵冶處。

白土岡

圖經云：北連蔣山，其土色白因名之。輿地志云：同夏縣西有白土壟，即此地。按北史：隋賀若弼嘗破陳軍於蔣山之白土岡。今蔣山西北有岡壟，土色正白，乃其地。圖經云：在縣東二十二里，非是，蓋同夏縣在今縣東十五里，而白土岡在同夏之西，不應有二十二里之遠也。

白楊路

圖經云：縣南十二里石岡之横道是也。六朝雜事云：宋袁粲常酌於此，忽逢村父，便留連笑語，人怪而問之，答曰：「吾侶偶遊，〔一五〕非知音也。」楊修之有詩云：「殘枝敗葉幾需春，莫問栽培迹已陳。細雨斜風馬無力，蕭蕭滿路更愁人。」

千佛嶺

在攝山棲霞寺之側。按江總棲霞寺碑：明僧紹居士子仲璋爲臨沂令，於西峯石壁與度禪師鑄造無量壽佛。大同二年，龕頂放光。齊文惠太子、豫章文獻王、竟陵文宣王、始安王及宋江夏王、霍姬、齊田奂等琢石建像，梁臨川靖惠王復加瑩飾。嶺之中道石壁有沈傳師、徐鉉、張稚圭、王雱題名。

謝安墩〔一六〕

在半山報寧寺之後，基址尚存。謝安與王羲之嘗登此，超然有高世之志。李太白將營園其上，乃作詩曰：「晉室昔横潰，永嘉遂南奔。沙塵何茫茫，龍虎鬬朝昏。胡馬風漢草，天驕蹙中原。哲匠感頹運，雲屏忽飛翻。〔一七〕組練照楚國，旌旗連海門。西塞百萬衆，〔一八〕戈甲如雲屯。投鞭可填江，一掃不足論。皇運有返正，醜虜無遺魂。談笑遏横流，蒼生望斯存。冶城訪古跡，猶有謝安墩。憑覽周地險，高標絶人喧。想像東山姿，緬懷右軍言。梧桐識佳樹，蕙草留芳根。〔一九〕地古雲物在，臺荒禾黍繁。〔二〇〕我來酌清波，於此樹名園。功成拂衣去，歸入武陵源。」王荆公詩云：「我名公字偶相同，我屋公墩在眼中。公去我來墩屬我，不應墩姓尚隨公。」

桃花塢

在蔣山寶公塔之西北，舊有桃花甚盛，今不復存。

方山埭

建康實録：吴赤烏八年，使校尉陳勳發屯田兵於方山南，截淮立埭，號方山埭。又按南史：湖熟縣方山埭高峻，冬月行旅以爲難。齊明帝使沈瑀修之。瑀乃開四洪，斷行客，就作三日便辦。其埭今去城四十五里。

雞鳴埭

建康實録：青溪有橋，名募士橋，橋西南過溝有埭，名雞鳴埭，齊武帝早遊鍾山，射雉至此，雞始鳴。圖經云：今在青溪西南潮溝之上。又按南史：齊武帝永明中，數遊幸諸苑，載宫人從車至内，〔二〕深隱不聞端門鼓漏聲，置鐘景陽樓上，應五鼓及三鼓。宫人聞鐘聲，並早起裝飾。帝數幸琅琊城，宫人常從，早發至湖北埭，雞始鳴，故呼爲雞鳴埭。若爾其埭又當近北，父老傳曰，今清化市真武廟側是其處也。二埭恐皆當時所歷，姑兩存之。

射雉場

圖經云：在縣東二十里，齊東昏侯置射雉場五百所，皆以七寶裝翳。楊修之有詩云：「外作禽荒内色荒，三千紅粉日嚴妝。潘妃縱有嫣然態，不步金蓮到射場。」

絶地

圖經云：在縣南三里，古大社西有凶地三畝，晉周顗、司馬秀、蘇峻皆宅於此，悉以禍敗。宋王僧綽曰：「大丈夫當以正道自居，何宅之有凶吉？」尋爲元凶所害。楊修之有詩云：「四主衣冠不令終，高門列戟謾重重。由來瘠沃分勞逸，莫道人凶非宅凶。」

鑄劍坑

圖經云：在溧陽縣南八十里石屋山之西。舊經云：昔吴王使歐冶子鑄劍於此。

校勘記

〔一〕昔時有鳳凰　李太白全集卷二〇金陵鳳凰臺置酒詩作「借問往昔時」。

〔二〕彈琴醉金罍　李太白全集卷二〇金陵鳳凰臺置酒詩「琴」作「絃」。

〔三〕宋明帝高寧陵在山西　朱希祖六朝陵墓調查報告駁晉温嶠墓在幕府山西説云：「案建康實録卷十四僅言宋明帝葬『幕府山高寧陵』，未嘗言幕府山西也。李吉甫元和郡縣志卷二十六云『宋明帝高寧陵在縣北十九里幕府山東南』。許嵩、李吉甫皆唐時人，離劉宋較近，其言較可信，圖經等書，信俗説而背傳記，學無根柢，不足信也。」

〔四〕王導温嶠亦葬山西　晉書温嶠傳云嶠「初葬于豫章，後朝廷追嶠勳德，將爲造大墓於元、明二帝陵之北。陶侃上表曰：『願陛下慈恩，停其移葬，使嶠棺柩無風波之危，魂靈安於后土。』詔從之。其後嶠後妻何氏卒，子放之便載喪還都。詔葬建平陵北」。嶠卒後實未改遷墳塋，幕府山西者乃嶠後妻何氏墓，誤嶠墓在幕府山西者，始於建康實録，此誤之又誤者也，然本書卷十三晉温嶠墓條不誤。

〔五〕又按寰宇記云陳武帝破北齊軍四十六萬於幕府山下　陳書高祖紀上、南史陳本紀上及通鑑卷一六六皆云，梁敬帝太平元年三月戊戌，北齊遣儀同三司蕭軌、庫狄伏連、堯難宗、東方老等與任約、徐嗣徽合兵十萬入寇。六月，陳武帝大破北齊軍，「虜蕭軌、東方老、王敬寶等將帥凡四十六人」。此云「破北齊軍四十六萬」，恐誤。

〔六〕落星澗　太平寰宇記卷九〇作「落星岡」，通鑑、讀史方輿紀要卷二〇亦同，疑此「澗」爲「岡」之誤。

〔七〕南史　底本、光緒本並缺，據吴本、馮本、季本補，本書卷四儒學館條亦同。

〔八〕玄武湖　「玄武」原作「真武」，係避宋諱，宋書符瑞志正作「玄武湖」，今據改，下不具校。

〔九〕周回二十七里　「二十七里」，太平寰宇記卷九〇作「二十里」，讀史方輿紀要卷二〇亦同。

〔一〇〕梁散騎常侍韋載　南史韋載傳云載於陳武帝永定中官散騎常侍，此「梁」當作「陳」。

〔一一〕不入籬門者十載　陳書、南史韋載傳並作「不入籬門者幾十載」。

〔一二〕玄武門　原作「真玄武門」，係避宋諱，今逕改正，下不具校。

〔一三〕吕肅　各本皆誤作「魯肅」。南史陳慧紀傳作「吕肅」，陳書陳慧紀傳作「吕忠肅」，隋書楊素傳作「吕仲肅」。蓋其人名爲「吕忠肅」，南史避隋文帝父諱省忠字，隋書改忠爲仲。本書取之南史作「吕肅」，且又誤吕爲魯，今據改。

〔一四〕晉書云咸和四年李閎斬韓晃蘇逸於此　晉書成帝紀云咸和四年二月「甲午，蘇逸以萬餘人自延陵湖將入吴興。乙未，將軍王允之及逸戰於溧陽，獲之」。蘇峻傳云「逸爲李湯所執，斬於車騎府」。二説雖有不同，但蘇逸非李閎斬於平陵山明矣。韓晃爲李閎斬於平陵山下，事見蘇峻傳、通鑑卷九四。此誤爲張氏删削晉書所致。

〔一五〕吾侣偶遊　㴑識云：「『吾侣偶遊』句有脱誤。南史袁粲傳：嘗步屧白楊郊野間，道遇一士夫，便呼與酣飲，明日此人謂被知顧，到門求進。粲曰：『昨飲酒無偶，聊相邀耳。』竟不與相見。語句小異，即此事也。」

〔一六〕謝安墩　謝安與王羲之登臨之地，在冶城西北，今南京市城西朝天宫地，亦即李白詩所詠之處；王安石詩所云謝安墩，在今南京市城東中山門内，兩地相去甚遠，實非一地。景定建康志卷十七已爲辨正，其云：「謝公墩在半山寺，里俗相傳，謝安所嘗登也，其事殊無所據。李白、王荆公皆有謝公墩詩。白詩云：『冶城訪遺跡，猶有謝安墩。』乃今天慶觀冶城山，昔謝安與王羲之登冶城，悠然遐想有高世之志，即此地。荆公雖有『我屋公墩』之句，而又有詩云：『問樵樵不知，問牧牧不言。』亦自疑之耳。江左謝氏衣冠最盛，謂之謝公，豈獨安也？今半山寺所在舊名康樂坊。按晉書，謝玄封康樂公，至孫靈運猶襲封，今以坊及墩名觀之，恐是玄及其子孫所居，後人因名之耳。」文内提及天慶觀即今之朝天宫。清人陳作霖養龢軒隨筆亦云，謝安石與逸少登臨遐想處在冶城，半山寺之謝公墩，爲幼度（玄字）之宅，其地有康樂坊可證，王安石誤認一地，「亦太疏於考據矣」。

〔一七〕雲屏忽飛翻　李太白全集卷二十一登金陵冶城西北謝安墩詩「屏」作「鵬」。

〔一八〕西塞百萬衆　「西塞」，光緒本同，吴本作「西寨」，馮本、季本及李太白全集卷二十一登金陵冶城西北謝安墩詩皆作「西秦」。西秦謂苻堅也，疑是。

〔一九〕梧桐識佳樹蕙草留芳根　李太白全集卷二十一登金陵冶城西北謝安墩詩其下有「白鷺映春洲，青龍見朝暾」兩句。

〔二〇〕臺荒禾黍繁　李太白全集卷二十一登金陵冶城西北謝安墩詩「荒」作「傾」。

〔二一〕載宫人從車至内　「至内」原作「宫内」，據吴本、馮本、季本改。今核查南史無此段文字，恐爲張氏誤記。

六朝事迹編類卷七

宅舍門

孔子巷

輿地志云：孔子廟，在樂遊苑，東隔青溪，本奉聖亭侯所奉之廟也。舊在溪南丹陽郡之東南，本東晉所立，中廢。宋元嘉十九年，詔復孔子廟，至齊遷於今處，以舊地爲浮圖。今名孔子寺，亦名孔子巷，在城東南五里古長樂橋東。

言偃里

史記孔子弟子列傳：言偃，字子游，吴人。今不知其里所在，或云在城東二十二里。

四學

南史：宋文帝元嘉十五年，立儒學館於雞籠山，命雷次宗居之。明年，丹陽尹何尚之立玄素學，〔一〕著作佐郎何承天立史學，司徒參軍謝玄立文學，各聚門徒，多就業者。江左風俗，於斯美焉。

諸葛恪宅

圖經云：在縣東二里古玄風觀前，南接青溪。里俗傳云，在今縣東南百餘步，面對青溪，其東即江令宅也。

陸機宅

建康實録云：陸機入洛，作懷舊居賦云：「望東城之紆徐，邈吾廬之延佇。」李太白題王處士水亭云：「齊朝南苑是陸機宅。」其詩云：「王子耽玄言，賢豪多在門。好鵝尋道士，愛竹嘯名園。樹色老荒苑，池光蕩華軒。北堂見明月，更憶陸平原。掃地青玉簟，爲余置金尊。醉罷欲歸去，花枝宿鳥喧。何時復來此，再得洗囂煩。」圖經云：在縣南五里，秦淮之側。

杜姥宅

建康實録：晉成帝恭皇后杜氏母裴氏，即杜弘治之妻也。裴氏名穆，孝武帝封爲廣德君。初，穆渡江宅於南掖門外，時裴氏壽考，故呼爲杜姥。圖經云：在舊縣東北三里。舊縣在治城，今天慶觀之東是也，其宅未詳所在。

劉子珪宅

南史：齊劉瓛字子珪，居於檀橋，瓦屋數間，上皆穿漏。永明七年，〔二〕竟陵王子良表武帝，爲立館，帝以楊烈橋故主地給之。〔三〕檀橋，在今縣東二十五里青龍山之前。

沈約宅

南史：梁沈約遷尚書令，雖名位隆重，而居處儉素。立宅東田，瞻望郊阜，嘗爲郊居賦以叙其事。東田在鍾山之下也。

朱异宅

南史：梁朱异及諸子自潮溝列宅至青溪，其中有臺池玩好，每暇日與賓客遊焉。

孫瑒宅

建康實録：陳起部尚書孫瑒居處奢豪，宅在青溪東，西即江總宅。瑒家庭穿築，極林泉之致，歌童舞女，富世罕儔。

江令宅

陳尚書令江總宅也。建康實録及楊修之詩注云：南朝鼎族多夾青溪，江令宅尤占勝地。後主嘗幸其宅，呼爲狎客。劉禹錫詩云：「南朝詞臣北朝客，歸來惟見秦淮碧。池臺竹樹三畝餘，至今人道江家宅。」今城東段大夫約之宅正臨青溪，即其地也。故王荆公詩云：「昔時江令宅，今日段侯家。」此可驗也。

宋齊丘宅

舊傳在鎮淮橋之北，御街之東，今南北較務是也。其後又爲南唐國子監。

烏衣巷〔四〕

王榭，〔五〕金陵人，世以航海爲業。一日，海中失船，泛一木登岸，見一翁一嫗，皆衣皁，引榭至所居，乃烏衣國也。以女妻之，既久，榭思歸，復乘雲軒泛海，至其家，有二燕棲於梁上，榭以手招之，即飛來臂上，取片紙書小詩繫於燕尾，曰：「誤到華胥國裏來，玉人終日苦憐才。雲軒飄出無消息，灑淚臨風幾百回。」來春，燕又飛來榭身上，有詩云：「昔日相逢冥數合，如今暌違是生離。來春縱有相思字，三月天南無雁飛。」至今歲竟不至，因目榭所居爲烏衣巷。劉禹錫有詩曰：「朱雀橋邊野草花，烏衣巷口夕陽斜。舊時王謝堂前燕，飛入尋常百姓家。」此見摭遺。圖經云：在縣東南四里。晉書：王導、紀瞻宅，皆在此巷。

扶南樂署

建康實録：吴赤烏七年，扶南國獻樂人，〔六〕於此置舍以教宫人。在縣北一里。

乘黄署

輿地志云：在東府之西北，五輅及朝車凡駕馬者之所。去縣東北六里。

銅螭署

臺城刻漏署西，本洛陽之舊物，宋平姚秦遷於此。魏明帝爲太子時，玩以玉手扳刺螭口中，因入不出，後人常見白蝘蜓在其中。梁元帝移之江陵，此物後遂不復見。楊修之有詩云：「挈壺傳箭逼天聰，鑄出蟠螭巧範同。何事腹中藏怪物，人驚蝘蜓氣如虹。」

錦署

圖經云：在縣東南十里，宋遷百工於此也。楊修之有詩云：「人衣襤縷地衣紅，不念家家杼軸空。厥篚織文應歲貢，更翻新樣集機工。」

紙官署

輿地志：宋永初中立，舊日齊高帝於此造銀光紙，〔七〕以賜王僧虔。在縣東一十五里。

焚衣街

齊東昏侯自製服爲四種冠、五私袍，〔八〕一月中二十餘出，晨出三更歸，夜出清晨返。梁自襄陽出師，廢之，焚奢淫服六十二種於御街中。楊修之有詩云：「雉頭金縷又珠胎，烟緒香雲晝不開。御路傍人皆歎息，逡巡紅焰作青灰。」

校勘記

〔一〕丹陽尹何尚之立玄素學　王懋竑讀書記疑卷八云：「素字衍文。」

〔二〕永明七年　「永明」原作「永平」，據南史劉瓛傳改正。

〔三〕帝以楊烈橋故主第給之　「楊」原作「揚」，「第」原作「地」，今據馮本及南史劉瓛傳改。

〔四〕烏衣巷　此條引據失實，不免爲識者所嗤。吴曾能改齋漫録卷四云：「近世小説尤可笑者，莫如劉斧摭遺集所載烏衣傳。因劉禹錫詩：『朱雀橋邊野草花，烏衣巷口夕陽斜。舊時王謝堂前燕，飛入尋常百姓家。』遂以唐朝金陵人姓王名謝，因海舶入燕子國，其意以爲烏衣爲燕子國也，其説甚詳。殊不知王者，王導等人也；謝者，謝鯤之徒也。余按世説：『諸王、諸謝，世居烏衣巷。』

丹陽記曰：『烏衣之起，吴時烏衣營處所也。江左初立，瑯琊諸王所居。』審此，則名營以烏衣，蓋軍兵所衣之服，因此得名。摭遺之小説，亦何謬邪！」

〔五〕王榭　「榭」，能改齋漫録卷四及下引劉禹錫詩作「謝」。

〔六〕建康實録吴赤烏七年扶南國獻樂人　建康實録卷二作赤烏六年「十二月，扶南國獻樂人」，吴書吴主傳亦作赤烏六年「十二月，扶南王范旃遣使獻樂人及方物」。此「七年」當作「六年」。

〔七〕宋永初中立舊日齊高帝於此造銀光紙　底本、光緒本作「宋永初中舊立齊高帝於此造銀光紙」，今據吴本、馮本、季本改。

〔八〕五私袍　各本同，庫本及景定建康志卷十六作「五彩袍」。

六朝事迹編類卷八

識記門

三斷石

吴後主天册元年，掘地得銀，長一尺，廣三分，刻上有年月字。又於吴郡臨平湖邊得一石函，中有一小石，〔一〕青白色，長四寸，廣二寸，刻上作皇帝字，於是改元天璽，遂立石紀吴功德。按建康實録云：縣南三十里，西接牛頭山，丹陽雲巖東路有大碣石，長一丈，折爲三斷，此紀功之碑也。今移在府治中，可辨者二百餘字，漫滅者五十餘字。楊修之有詩云：「孫吴紀德舊刊碑，埋没蟠螭與伏龜。惆悵石岡三斷在，至今猶似鼎分時。」

石印

天璽元年，歷陽山石文理成字，凡二十，云「楚九州渚，吴九州都，揚州士，作天子，四世治，太平始」。江表傳云：歷陽縣有石山臨水，高百丈，其三十丈所，有七穿駢羅，穿中色黄赤，不與本體相似，俗相傳謂之石印。又云，石印封發，天下當太平。下有祠屋，巫祝言石印神有三郎。時歷陽長表上言石印發，皓遣使以太牢祭歷山。巫言，石印三郎説「天下方太平」。使者作高梯，上看印文，詐以朱書石作二十字，還以啓皓。皓大喜曰：「吴當爲九州作都、渚乎！　從大皇帝逮孤四世矣，太平之主，非孤復誰？」重遣使，以印綬拜三郎爲王，又刻石立銘，褒讚靈德，以答休祥。此見吴志注。

石室

吴興陽羨山有空石，長十餘丈，名曰石室，在所表爲大瑞。皓乃遣兼司徒董朝、兼太常周處至陽羨縣，封禪國山。明年改元天紀，大赦，以應石文。

潛鶴鼓

臺城端門上二鼓，初得於會稽雷門，傳是越王舊物，擊之，聲聞洛陽。後孫恩亂兵擊破，中有二鶴沖天而去，自是不復鳴，後人呼爲潛鶴鼓。楊修之有詩云：「端門擊破使人驚，潛鶴雙飛上玉清。怪得舊時聲太遠，沖天合自九皋鳴。」

獨足臺

陳末時，有一鳥獨足，飛上宫城臺上，以嘴畫地云：「獨足上高臺，盛草化爲灰。欲知我家處，朱門當水開。」解者以爲獨足指後主獨行無衆，盛草言荒穢，隋承火運，草得火而灰。及國破，隋煬帝館於都水臺，所謂上高臺當水開也。楊修之有詩云：「鳥跡分明在帝臺，管絃聲裏輒書來。回頭一覺風流夢，猶得朱門傍水開。」

寶公銅牌記

按高僧傳：公諱寶誌，宋元嘉中，現形於東陽鎮古木鷹巢中。朱氏聞巢中兒啼，遂收育之，因以朱爲姓，施宅爲寺。公自少出家，依於鍾山道林，有銅牌記多讖未來事，云：「有一真人在冀州，開口張弓在左邊，子子孫孫萬萬年。」江南中主名其子曰弘冀，錢鏐諸子亦皆連弘字，以應之，而國朝宣祖諱乃正當之。

秦淮石誌

南唐保大中，浚秦淮得石誌。按其刻有「大宋乾德四年」凡六字，〔二〕他字磨滅不可識。令諸儒參驗，乃輔公祏反江東時年號。太祖受命，國號宋，改元乾德，江左始衰弱，豈非威令將及，而符讖先著也。

天水碧

南唐末時前數年，宫人揆薔薇水染生帛，一夕忘收，爲濃露所漬，色倍鮮翠。因令染坊，染必經宿露之，號爲天水碧，宫中競服之。識者以爲天水趙之望也。

校勘記

〔一〕得一石函中有一小石　「石函」原作「石石」，下「石」屬下讀，今據馮本、季本、庫本改，吴書孫皓傳、建康實録卷四亦同。

〔二〕大宋乾德四年　舊唐書、新唐書輔公祏傳並云輔公祏於武德六年八月「因僭即僞位，自稱宋國」，七年三月爲趙郡王李孝恭所斬，首尾僅二年，其安得有「大宋乾德四年」之誌，疑「四年」爲「元年」之誤，詳見坿識。

六朝事迹編類卷九

靈異門

新洲

南史：宋武帝伐荻新洲，見大蛇長數丈，射之。明日復至洲，裏聞有杵臼聲，往覘之，童子數人皆青衣，於榛中擣藥。問其故，答曰：「王爲劉寄奴所射，合散傅之。」帝曰：「王神何不殺之？」答曰：「寄奴王者，不可殺。」帝叱之，皆散，收藥而反。今薛家洲蓋其地也，屬金陵鄉，去城北四十里。

八功德水

蔣山悟真菴後。按梅摯亭記：〔一〕梁天監中，有胡僧曇隱寓錫於此。山中乏水，時有龐眉叟相謂曰：「予山龍也，知師渴飲，措之無難。」俄而一沼沸成。後有西僧繼至，云：「本域八池已失其一，似竭彼盈此也。」其泉一清、二冷、三香、四柔、五甘、六净、七不饐、八蠲疴，故名八功德水。自梁已前，嘗取給御厨。又按，楊修之詩注云：高僧曇隱遊行於此，忽聞金石絲竹之音，俄見清泉一泓，瑩徹甘滑，有積年疾者，飲之皆愈。

誌公鱠殘魚

高僧傳：寶誌嘗對梁武帝食鱠，帝曰：「朕不知此味二十餘年，師何爲爾？」誌乃吐出小魚，鱗尾依然。今金陵尚有鱠殘魚。

郗氏化蛇

郗氏，梁武帝皇后也。崩數月，帝常追悼之，晝則忽忽不樂，宵乃耿耿不寐。居寢殿，聞外騷窣蘇骨切。勃窣穴中出也。聲，視之，乃一蟒盤躃上殿，睒式冉切。說文云：暫視貌。睛呀香牙切，張口貌。口以向於帝。帝大驚駭，無所逃遯，不得已蹶然而起，謂蛇曰：「朕宫殿嚴警，非爾蛇類所生之處，必其妖孽欲祟朕邪？」蛇爲人語啓帝曰：「蟒則昔之郗氏也，妾以生存嫉妒六宮，〔二〕其性慘毒，怒一發則火熾矢射，損物害人死，以是罪謫爲蟒耳。無飲食可實口，無窟穴可庇身，飢窘困迫，力不自勝。又鱗甲有蟲唼子合切。嚙玉狡切。肌肉，痛苦甚劇，若加錐刀焉。蟒非常蛇，亦復變化而至，不以皇居深重爲阻耳。感帝平昔眷妾之厚，故託醜形陳露於帝，祈一功德，以見拯拔也。」帝聞之，嗚呼感激，既而求蟒，遂不復見。帝明日大集沙門於殿庭，宣其由，問善之最，以贖其苦。誌公對曰：「非禮佛懺滌悃款不可。」帝乃然其言，搜索佛經，録其名號，兼親抒睿思，灑聖翰，撰悔文，共成十卷，皆采摭佛語，削去閒詞，爲其懺禮。又一日，聞宫室内異香馥郁，良久轉美，初不知所來，帝因仰視，乃見一天人容儀端麗，謂帝曰：「此則蟒後身也。蒙帝功德已得生忉利，今呈本身以爲明驗也。」慇懃致謝，言訖而去。此見梁武懺序。

燕雀湖

輿地志云：走馬橋見有燕雀湖。窮神秘苑曰：梁昭明太子在東宫，有一琉璃盌、紫玉杯，皆武帝所賜也。既薨，詔置梓宫，後更葬開墳，〔三〕爲閹人攜入大航，乃有燕雀數萬擊之，因爲有司所縛，乃獲二寶器。帝聞而驚異，詔以賜太孫。封墳之際，復有燕雀數萬銜土以增其上，墳側今有湖，後人因名燕雀湖。楊修之有詩云：「平湖岸側見高墳，萬土銜來燕雀羣。鑑面無波天一色，此中文藻似儲君。」在城東四里下入青溪。

生人葠

南史：梁阮孝緒字士宗，母王氏有疾，合藥須得生人葠，舊傳鍾山所出。孝緒躬歷幽險，累日不逢。忽一鹿前行，隨後至一所遂滅，就視其處，果獲此草。今山中不復有之。

木醴

建康實録：陳後主禎明二年，初覆舟山及松柏林冬月出木醴，後主以爲甘露之瑞，俗呼爲雀餳。舊立甘露亭，今廢。

牝狙觸綱

按湘山野録云：南唐李後主獵青龍山，一牝狙觸網，見主雨淚稽顙，屈指其腹，主戒虞人保守之，是夕誕二子。還幸大理寺，親録囚繫，一大辟婦以孕在獄，未幾誕二子。煜感牝狙之事，罪止於流。其山去城二十五里。

感龍産鯉

昔民有女感黑龍於田野，歸而有娠，後産鯉魚，投於水中，復能變化，隨母所出入，後成龍而去。母亡，每春時必來墳所。鄉人懼之，因立廟祠焉，謂之烏鯉廟，在溧水縣東南二十五里。

校勘記

〔一〕按梅摯亭記 「按」原作「接」，據吴本、馮本、季本、庫本改。

〔二〕妾以生存嫉妒六宫　坿識云：「據南史，郗氏没於襄陽，返葬徐州。没於梁武未即位之前，豈得云以生存妬六宫耶！」

〔三〕後更葬開墳　梁書、南史昭明太子傳並云，蕭統薨於中大通三年四月乙巳，同年五月庚寅，葬安寧陵，並無更葬開墳之事，本卷靈異門所載諸事，殊爲怪誕，多失史實。

六朝事迹编類卷十

神仙門

白都山

昔白仲都常於此學道，白日上昇，因以爲名。楊修之有詩云：「駕鶴驂鸞自古聞，策名仙籍是真君。天邊舊迹無尋處，滿目青山空白雲。」在城西南八十里，〔一〕西臨大江。

茅君山

茅濛字初成，華陽人也。隱華山修道，秦始皇三十一年，白日上昇。是時，先有民謠曰：「神仙得者茅初成，駕龍上昇入太清。時下玄洲戲赤城，繼世而往在我盈。」始皇聞之問故老，曰：「此仙謡也。」於是有尋仙之意。濛之玄孫盈得道於金陵句曲山，上昇爲東嶽上卿司命真君太元真人，居赤城，時來句曲，邦人改句曲爲茅君山。事見摭遺。圖經云：漢時有三茅君，各乘一白鶴來居其上，故號爲三茅君，世傳茅盈、茅固、茅震，皆濛之後也。山在句容縣東南四十五里。〔二〕華山、華陽，皆在句容縣。荆公有詩云：「一峯高出衆山巔，疑隔塵沙道里千。俯視烟雲來不極，仰攀蘿蔦去無前。人間已换嘉平帝，地下誰通句曲天。陳迹是非分草莽，紛紛流俗尚師仙。」

仙杏山

舊經云：絶頂有杏林及仙人脚跡，因以名之。又有仙壇、石井，故一名仙壇石山。唐垂拱五年，重修壇三所并石井。聖曆二年，縣令岑仲琢石爲像，設香燈供祀之。下有清泉，流入丹陽湖，在溧水縣東南四十三里。

石城洞

石頭城西嶺下，南臨大江，有洞宛然。按真誥云：此小有洞天之南門也。

華陽洞

舊經云：即第八金壇大洞天也。唐改爲太平觀，在句容縣東南四十里茅山之側。

仙人臺

幕府山之西有石棋盤，説者云，舊有仙人對弈於此。故徐君平幕府山詩云「仙去棋枰草自繁」，即此地也。去城北二十五里。

靜壇

舊經云：梁侍中周捨立，與道士塢相對。武帝問曰：「其壇如何？」對曰：「風不鳴條，雲無膚寸。鹿巾黄帔，其數甚多。白簡朱衣，其來罕至。因名曰靜壇。」今按，道士塢在蔣山古明慶寺前，與八功德水相近，則靜壇當在其處。

春澗

鍾山宋興寺東，梁處士劉訏字彦度隱居之所。〔三〕楊修之有詩云：「手拖葛屨坐藜牀，竹樹蕭然一水傍。枕上白雲船下月，卜鄰東澗勝東岡。」

道士塢

蔣山明慶寺前，乃陳宣帝禮元靖先生臧兢處。今在寶公塔之東。

華陽宫

舊經云：張真人煉丹之所也。梁朝陶隱居立爲華陽上館，唐天寶七年改今額。

燕洞宫

舊經云：梁普通三年，晉陵縣女子錢妙真幼年於此修行，誦黄庭經，積功三十年，道成，佩白練飛入，洞中有石室、醮壇存焉。天寶七年，奉敕於錢真人昇仙之所建宮。度女道士洞，在宮東一百餘步。

洞元觀

輿地志云：赤烏二年，吴大帝爲仙公葛玄造。玄後白日上昇，山上至今猶有壇宇。楊修之有詩云：「葛玄功行滿三千，白日驂鸞上碧天。留得舊時壇宇在，後人方信有神仙。」觀在方山下，去城四十五里。

青元觀

舊經云：本吴朝葛仙公宅也。梁天監七年建，有一丹井在祠宇前，去句容縣西南三百餘步。

玉晨觀

句容縣東南四十五里，句曲洞北門之側。舊經云：本晉許長史宅也。昔高辛時展上公、秦時巴陵侯、後漢時杜廣平，並於此學道得仙。梁武帝天監十三年，陶弘景奏請立爲朱陽館。唐貞觀中，爲紫微國師王先生改爲華陽宫。天寶七年，爲玄靖先生改紫陽觀，前有郭真人養龍池，醮壇、丹井俱在。大中祥符中，奉勅改今額，曰玉晨觀。

太平觀

梁書云：陶弘景讀書萬餘卷，善琴棋，爲諸王侍讀。永明十年，脱朝服挂神武門，上表辭禄，詔許之。於是止於句容之句曲山，曰：「此是第八洞宫，名金壇華陽之天。」乃立館，自號華陽陶隱居。唐貞觀九年，爲昇真先生改爲太平觀。

尋仙觀

梁時所造也。與芝山燕洞相鄰，上有石壇。舊經云：昔茅君行道之所，唐垂拱五年，道士宋文幹因石琢像，董工修壇焉。在溧水縣東南六十里。

太虛觀

舊經云：東晉時李盤白遇仙於此，修道，白日上昇，山頂有會仙亭。〔四〕唐開元五年建，大中祥符元年九月奉勅改今額。在溧陽西南四十里盤白山下，初名招仙觀。

校勘記

〔一〕在城西南八十里　光緒本同，吴本、馮本、季本皆作「在城南八里」。

〔二〕山在句容縣東南四十五里　元和郡縣圖志卷二十五云：「茅山在縣東南六十里。」太平寰宇記卷九〇云：「茅山在縣南五十里。」

〔三〕鍾山宋興寺東梁處士劉訏字彥度隱居之所　宋興寺在長干里南，另有宋熙寺在蔣山東，然兩寺常相混，清孫伯澂、陳作霖南朝佛寺志曾爲之辨證，其云：「建康志：『宋興寺，一名興教寺，今在南門外，基即劉裕故居。』在長干里之南，就宋武帝故居而造也，故以宋興爲號。或曰寺在蔣山寶誌塔西二里，有誌公洗鉢池，此蓋因宋熙而誤云。」南史劉訏傳云宋熙寺爲劉訏隱居之所，疑此宋興寺爲宋熙寺之誤。

〔四〕山頂有會仙亭　「山」原作「仙」，據光緒本、吳本、馮本、季本改正。

六朝事迹編類卷十一

寺院門

吴建初寺

輿地志云：吴赤烏十年，沙門僧會自西竺來傳佛法，吴大帝作寺居之，寺自此始。楊修之有詩云：「僧會西來始布金，常聞鐘磬伴潮音。江南古寺知多少？此寺獨應年最深。」舊傳在城南二百餘步。

鐵索寺

本東晉尼寺也。尚書仲杲女見釋書有比丘尼，問講師，師曰：「女子削髮出家爲比丘尼。」後因鐵索羅國尼至，遂就此建寺，以鐵索羅爲名，中國尼自此始。

祈澤寺

寺記云：宋少帝景平元年建，去府城二十里，梁朝置龍堂。有初法師者來，結茅菴於山下，日夜誦法華經。有一女郎來聽，移時方去，師訝之，因問其住止。女曰：「兒東海龍女，遊江淮間，聞師誦經來聽之。」師曰：「此山乏水，汝能神變爲我開一泉可乎？」女曰：「此固易事，容兒歸白父。」言訖不見。數日後，忽作風雷，良久，有清泉涌於座中。南唐保大中，以久旱祈雨於舊寺基，信宿而雨作，自後以爲祈禱之所。本朝治平中，改賜祈澤治平寺。許堅嘗有二詩，其後王荆公題云：「高人遺跡空佳句，誰識旌陽後世孫。」

棲霞禪寺

攝山齊明僧紹故宅也。按棲霞寺江總碑云：齊居士平原明僧紹，宋泰始中遊此山，乃刊木結茅二十許年。有法度禪師與僧紹甚善，〔一〕遂捨宅成此寺，蓋齊永明七年正月三日也。唐高宗嘗建寺碑并書寺額，武宗會昌中廢，宣宗大中五年重建，本朝太平興國五年改爲普雲寺，景德五年改賜景德棲霞禪寺。寺有舍利塔，乃隋文帝葬舍利處，南唐高越、林仁肇建塔，徐鉉書額曰妙因寺。左有千佛嶺，乃明僧紹子仲璋創造，齊文惠太子同僧琢，梁臨川靖惠王采飾。寺後有天開巖、碧蘚亭、白雲菴、迎賢石、醒石、中峯澗、石房、白雲泉，亦名品外泉。寺前有明僧紹、高越墓，菩提王廟。菩提王，即攝山靳神也。廟舊居山前，今移置寺右仁廟。朝嘗賜金寶方牌，熙寧間取寄華藏寺中。石佛額有玻瓈珠，後墜地，因置閣盛之，大觀中爲權要取去，米芾嘗作詩紀其事。寺今有唐高宗陳尚書令江總碑、沈傳師齋疏及沈傳師、徐鉉題名。按陳軒金陵集劉長卿、顧況、李紳、皮日休、韓熙載、徐鉉、徐鍇、柳琰、權德輿皆有詩，德輿詩其略云「縈紆松路深，繚繞雲山曲。重樓回木杪，古像鑿巖腹」，皆山中景也。今去城四十五里。

寶乘院　亦名草堂寺

齊草堂寺也。寺乃齊周顒隱居之所，顒後出仕，孔稚圭作北山移文以譏之。高僧傳云：時有釋慧約，姓婁，少達妙理，顒素所欽服，乃於鍾山舊館造草堂寺以居之。今寺左乃婁約置臺講經文之地，寺後即顒舊居也。王荆公草堂寺詩云：「周顒宅作阿蘭若，婁約身歸窣堵坡。」唐會昌中寺廢，本朝復建，治平間賜今額。隸鍾山鄉，去城十一里。

長干寺 今名天禧寺

丹陽記：大長干寺道西有張子布宅，在淮水南，對瓦棺寺，〔二〕南張侯橋也。長干是秣陵東里巷名，江東謂山隴之間曰干，建康南五里有山岡，〔三〕其間平地，庶民雜居，有大長干、小長干、東長干，並是地名。小長干在瓦棺寺南，巷西頭出大江。梁初起長干寺。按塔記：在秣陵縣東，今天禧寺，乃大長干也。昔有并州胡薩訶死經七日更生，〔四〕云：「見觀音教曰：『洛下、丹陽、會稽有阿育王塔，〔五〕可悉禮拜之。』」荆公有詩云：「梵館清閒側布金，小塘回曲翠文深。柳條不似千絲直，〔六〕荷葉相依萬蓋陰。淡淡岑雲相上下，〔七〕翩翩沙鳥自浮沈。羇人樂此忘歸意，忍向西風學舊吟。」〔八〕

蔣山太平興國禪寺

梁武帝天監十三年，以錢二十萬易定林寺前岡獨龍阜，以葬誌公。永定公主以湯沐之資，造浮圖五級於其上。十四年，即塔前建開善寺，今寺即其地也。唐乾符中，改爲寶公院。南唐昇元中，徐德裕重修。開寶三年，後主改爲開善道場。太平興國五年，改賜今額。慶曆二年，府尹葉龍圖清臣奏請爲十方禪院。據高僧傳及寶公實録，公諱寶誌，宋元嘉中現形於東陽郡古木鷹巢中。朱氏婦聞巢中兒啼，遂收育之，因以朱爲姓，乃施宅爲寺焉。公自少出家，依於鍾山道林寺，常持一錫杖，杖懸刀尺及鏡拂之類，由是知名。齊梁間死而將葬，梁武帝命陸倕製銘，葬已，賜玻瓈珠以飾塔表。南唐保大七年，加號妙覺，塔名應世。本朝太平興國七年，舒民柯蕚遇老僧往萬歲山，指古松下，掘之，得石篆，乃寶公記聖祚緜遠之文，於是遣使致謝，謚曰寶公妙覺。治平初，更謚道林真覺大師。按建康實録：開善寺有誌公履，唐神龍初鄭克俊取之以歸長安。今洗鉢池尚在，塔西二里法雲寺基方池是也。寺西有道光泉，以僧道光穿劚竹足切，斫也。得名，有宋熙泉，以近宋熙寺基之側。有八功德水在寺東悟真菴之後，一云泉在寺北，高峯絶頂，寺東山巔有定心石，下臨峭壁，寺西百餘步有白蓮菴，菴前有白蓮池，乃策禪師退居之所。寺後向東有塔曰婁約，即慧約婁禪師之塔。高僧傳曰「葬於獨龍山寶公之左」是也。舊有寶公及婁約塔碑，梁王筠撰文，今不復存。楊次公詩曰：「今古茫茫利禄間，幾人能此叩松關。猿驚鶴怨不知處，虎踞龍盤空見山。芳草路隨流水遠，老僧心共白雲閒。淮南舊隱拋離久，一誦移文一愧顔。」荆公詩已見鍾阜下。

大愛敬寺

梁武帝普通元年造，在蔣山之北高峯上。唐朝乾符中重修，廣明元年改爲廣明愛敬禪院，南唐改廣孝禪院。本朝開寶七年，移額入城中，今壽寧寺是也。李建勳愛敬寺詩其略云：「雲散經窗溼，山晴石路香。」

明慶寺

蔣山上明慶寺後，别有小嶺，碧石青林，幽邃如畫，世人呼爲屏風嶺。有高僧曇隱於此，忽聞絲竹之音，俄而有清泉一派，瑩澈甘滑，有積年疾者服之輒愈。梁已前嘗取給御廚水，俗呼爲八功德水。楊修之有詩云：「翠壁如屏旱不枯，一泓甘滑飲醍醐。高僧到此聞絲竹，還有金鱗對躍無。」

法光寺 今名鹿苑寺

即梁之蕭帝寺，舊傳天監十三年造。元絳寺記云：不知從昔之名，故後人以帝氏目之。南唐保大間重建，後主易名曰法光寺，有子隱堂、郗氏窟。今隸祥鸞坊，本朝敕改鹿苑寺。

同泰寺

梁武帝改年號大同，起同泰寺，在臺城内。窮竭帑藏，造大佛閣，七層，爲火所焚。梁帝捨身施財，以祈佛福，自大通以後，無年不幸同泰寺，設四部無遮大會。俄而，侯景兵起城陷，遂以虚器進膳，自庚辰至丙戌七日不食而崩。〔九〕楊修之有詩云：「佛事莊嚴國力疲，照天金碧倚欄危。沈檀鑪上煙雲合，恰似當年煨燼時。」

法寶寺　亦名臺城寺

梁同泰寺基之半也。建康實録：梁武帝大通元年創同泰寺，寺處宫後，別開一門，名大通門。對寺之南門，取返語以協同泰爲名也。〔一〇〕帝晨夕講議，多遊此門。僞吴順義二年，置爲臺城千福院，本朝改賜今額。寺前有醜石四，各高丈餘，俗呼爲三品石，政和間取歸京師。其寺今在城北。

寶林寺

舊經云：本同行寺。梁天監中，武帝與寶公同遊此山，見林巒殊勝，命建精藍，因以同行爲額，亦名聖遊寺。唐會昌中廢，僞吳太和中復建，後改爲秀峯院，南唐保大九年重修，本朝嘉祐中改賜今額，有琪樹在法堂前。梅摯詩其略云：「影借金田潤，香隨壁月流。遠疑元帝植，近想誌公遊。」建炎間，樹爲兵火所焚。今寺屬寶林山。

普濟寺 舊名頭陀寺〔一一〕

梁頭陀寺也。建康實録：梁武帝大同元年，置頭陀寺。寺記：〔一二〕舍人石興造。寺在蔣山頂第一峯，後移置山下，本朝治平中改賜今額。殿後有應潮井，其水與江潮相應，又有梁昭明太子讀書臺在其西，即普通元年所置大愛敬寺基也。

佛窟寺

城南二十里牛頭山下有深坑，言是辟支佛窟。寺記云：本沙門道慶禪房，梁天監中，司空徐度造寺，因名曰佛窟寺。楊修之有詩云：「曩事何人爲證明，白雲深鎖翠微坑。已聞過去辟支佛，未見當來彌勒生。」

聖湯延祥寺

隸湯山下。舊有湯泉十所，今所存者六。唐德宗時，韓晉公滉爲浙西觀察使，滉小女有惡疾，浴於湯，應時而愈。乃以女妝奩建精舍於湯山之右，〔一三〕且求僧以主寺事。時得竹林寺一市蠱毒藥僧，遠近賴之，多獲全濟，故其藥至今以温湯爲名。按唐書滉觀察浙江在貞元以前，寺之建當在建中、興元間，而圖經乃云咸通十二年韓公置精剎。咸通蓋懿宗年號，是時晉公已亡也。

景德寺

僞吳始名崇孝寺，本朝景德中改賜今額。建炎元年，以其地改充太廟。今隸嘉瑞坊。

清涼廣惠禪寺〔一四〕

僞吳順義中徐温建，爲興教寺，南唐昇元初改石頭清涼禪寺，後主復改清涼大道場，本朝太平興國五年閏三月改爲今額。舊傳嘗爲李氏避暑宫，寺中有德慶堂，今法堂前舊基是也。後主嘗留宿寺中，故其詩有「未能歸去宿龍宫」之句。德慶堂額，乃後主親書；祭悟空禪師，乃後主自爲文，碑刻今見在。舊有李氏宫人親寫藏經及本朝所賜御書，今皆不存。唐温庭筠清涼寺詩曰：「詩閣小窗藏雪嶺，禪堂秋水接藍溪。」東坡先生捨彌陀畫像於寺中，其詩曰「問禪不契前三語，施佛空留丈六身」，蓋謂此也。楊次公題清涼寺翠微亭詩曰：「君勿愛清涼，清涼如火如沸湯；君勿惡炎熱，炎熱如冰如積雪。勿愛亦勿惡，未是逍遥處。君不見，海會山前一條路，一車來，一車去，今古轉轅何日住。落花時節雨初晴，黄鶯枝上分明語。」又因舟次秦淮，寄清涼長老曰：「雲居衆衆，〔一五〕舟次秦淮，忽爾狂風動地，白浪滔天，致此片帆難以寸進，又恐是石頭老子把定要津，不肯放過。今者食時已及，香積未充，更不敢遣化菩薩去午熕，若是靈利人，必已會得了也。」時王荆公在清涼寺，見之曰：「清涼應是推辭不得。」

昇元寺　亦名瓦棺寺〔一六〕

昇元寺，即瓦棺寺也。在城西隅，前瞰江面，後踞崇岡，最爲古跡。累經兵火，略無彷彿。李王時，瓦棺閣猶在，乃梁朝故物，高二百四十尺。太白詩所謂「日月隱檐楹」是也。此見雜説。今西南隅戒壇，乃是故基。南唐將歸我宋數年前，昇元寺殿基掘得石記，乃詩讖，其辭曰：「若問江南事，江南事一憑。抱雞昇寶位，謂李煜丁酉年生也。走犬出金陵。謂王師甲戌渡江也。子建居南極，曹彬列栅城南，乃子建也。安仁秉夜燈。謂潘美恐有伏兵，命縱火也。東鄰驕小女，騎虎渡河冰。錢俶以戊寅年入朝，盡獻浙西之地，乃騎虎之謂也。」寺之名起自西晉，長興年中，長沙城阿陸地生青蓮兩朵，民間聞之官司，掘得一瓦棺，開之見一僧，形貌儼然，其花從舌根頂顱生出。詢及父老，曰：「昔有一僧，不説姓名，平生誦法華經萬餘部，臨死遺言曰以瓦棺葬之。此地所司具奏朝廷，乃賜建蓮花寺，五代兵火焚之。李太白登瓦棺閣極眺金陵城云：〔一七〕「鍾山對北户，淮水入南榮。漫漫雨花落，嘈嘈天樂鳴。兩廊振法鼓，四角吟風箏。杳出霄漢上，仰攀日月行。山空霸氣滅，地古寒陰生。寥廓雲漢晚，〔一八〕蒼茫宫觀平。門餘閶闔寺，〔一九〕樓識鳳凰名。雷作北山動，〔二〇〕神扶萬栱傾。靈光何足貴，長此鎮吾京。」〔二一〕

净妙寺 舊名齊安寺

南唐昇元中建，額曰齊安，本朝政和五年正月，改賜净妙。舊臨官路，今移置高隴，面秦淮。王荆公齊安寺詩刻云：「日静山如染，風暄草欲薰。梅殘數點雪，麥漲一溪雲。」去城四里。

能仁寺

南唐古寺基也。保大年中，昇州、特進、守司徒致仕鍾山公李建勳，嘗捨莊田入寺，後廢，本朝撥賜地基起興慈禪院。咸平初，李建勳女潤州本起寺住持臨壇精律，大德尼進暉申明，〔二二〕乞以故父李相公舊所，施莊田入興慈寺，至今猶供常住。咸平後改承天寺，崇寧間又改爲能仁寺。真宗皇帝賜昇州法主圓覺大師賜紫德明七言二韻詩一首，詩曰：〔二三〕「精勤演律達真風，釋子南禪道少同。南中多長老禪僧。奥旨筌蹄悟佛理，慧燈廣布九圍中。」真蹟今藏本寺。

半山報寧禪寺

王荆公故宅也。其地名白塘，舊以地卑積水爲患，自荆公卜居，乃鑿渠決水以通城河。元豐七年，公以病聞，神廟遣國醫診視，既愈，乃請以宅爲寺，因賜額報寧禪寺。寺後有謝安墩，其西有土山曰培塿，乃荆公決渠積土之地，由城東門至蔣山此半道也，故今亦名半山寺。陳軒金陵集載荆公半山詩凡十五首。寺中有寶禪師語録，序王斿撰，米芾書。

校勘記

〔一〕有法度禪師與僧紹甚善　「甚善」二字原缺，據吴本、季本、庫本補，全隋文卷十一攝山棲霞寺碑亦同。

〔二〕瓦棺寺　「棺」當作「官」，詳見本卷校勘記〔一六〕。

〔三〕建康南五里有山岡　「五里」二字原重，據吴本、馮本、季本、庫本删，建康實録卷二注引丹陽記同。

〔四〕七日　南史夷貊傳上同，梁書諸夷傳作「十日」。

〔五〕洛下丹陽會稽有阿育王塔　梁書諸夷傳、南史夷貊傳上「洛下」下並有「齊城」二字。

〔六〕柳條不似千絲直　「不似」，王文公文集卷六十四長干寺詩作「不動」。

〔七〕淡淡岑雲相上下　「淡淡」，王文公文集卷六十四長干寺詩作「漠漠」。

〔八〕羈人樂此忘歸意忍向西風學舊吟　王文公文集卷六十四長干寺詩作「羈人樂此忘歸志，忍向西風學越吟」。

〔九〕自庚辰至丙戌七日不食而崩　梁書武帝紀下、南史梁本紀中及通鑑卷一六二皆云，梁武帝崩於太清三年五月丙辰。五月乙卯朔，初二日丙辰。自丙辰上溯七日爲四月庚戌（四月二十七日），疑此「庚辰至丙戌」爲「庚戌至丙辰」之誤。

〔一〇〕取返語以協同泰爲名也　「返語」，底本作「及語」，光緒本作「吉語」，皆誤。建康實録卷十七云：「帝創同泰寺，寺在宫後，别開一門，名大通門，對寺之南門，取返語以協同泰爲名。」同泰爲大通返語之協音，當作「返語」爲是，吴本、馮本、季本、庫本皆不誤，今據改。

〔一一〕舊名頭陀寺　底本原缺，據本書目録及季本、庫本補。

〔一二〕寺記　各本皆脱「寺」字，據建康實録卷十七補正。

〔一三〕建精舍於湯山之右　「右」原作「石」，據光緒本、吴本、馮本、季本改。

〔一四〕清凉廣惠禪寺　本條所録詩文，多有可斟酌處，見本書後所附坿識清凉廣惠寺條，文繁不録。

〔一五〕雲居衆衆　光緒本同，吴本、馮本、季本、庫本皆作「雲居一衆」。

〔一六〕瓦棺寺　「棺」當作「官」。釋慧皎高僧傳竺法汰傳、建康實録卷八並云，晉哀帝興寧二年，詔移陶官於淮水北，遂以南岸窑處之地施僧慧力，造瓦官寺。景定建康志卷四十六亦作「瓦官寺」，並駁正之，其云：「舊志曰瓦棺者，非也。據俗説云，瓦棺寺之名，起自西晉。時長沙城隅陸地生青蓮兩朵，民以聞官，掘得一瓦棺，見一僧，形貌儼然，其花從舌根生。父老云：『昔有一僧，不説姓名，平生誦法華經百餘部，臨死遺言，以棺葬之。』遂以寺名爲瓦棺而本於此。其説頗涉怪誕，縱果有此事，亦在長沙，與此無與也。不知『陶官』爲『瓦官』，而易『官』爲『棺』，殆傅會而爲之説耳。」又埘識瓦棺寺、昇元寺兩條亦可參閲，文繁不録。

〔一七〕登瓦棺閣極眺金陵城　李太白全集卷二十一作「登瓦官閣」。

〔一八〕寥廓雲漢晚　「漢」，李太白全集卷二十一登瓦官閣詩作「海」。

〔一九〕門餘閶闔寺　「寺」，李太白全集卷二十一登瓦官閣詩作「字」。

〔二〇〕雷作北山動　「北山」，李太白全集卷二十一登瓦官閣詩作「百山」。

〔二一〕長此鎮吾京　「吾京」，李太白全集卷二十一登瓦官閣詩作「吴京」。

〔二二〕大德尼進暉申明　「申」原作「巾」，據吴本、馮本、季本、庫本改。

〔二三〕詩曰　各本皆缺，唯吴本有，今據補。

六朝事迹編類卷十二

廟宇門

蔣帝廟

帝即後漢秣陵尉蔣子文。金陵圖經云：漢末，子文爲秣陵尉，逐盜鍾山，傷額而死。嘗自謂骨青死當爲神。及吴大帝遷都建業，子文乘白馬、執白羽扇見形於故吏，云：「當白吴帝爲立廟，不爾百姓大疫。」權猶未信，翼日，復見於路云：「當令飛蟲入人耳。」後如其言，帝乃立廟於鍾山，封子文爲蔣侯。〔一〕權避祖諱，因改鍾山曰蔣山。晉蘇峻之難，鍾山神同蔣侯爲助，且曰：「蘇峻爲逆，當共誅鋤之。」後果斬峻。按杜佑通典：宋高帝永初二年，普禁淫祀，自蔣子文祠以下皆絶。孝建初修復，加蔣侯爵，位至相國、大都督中外諸軍事。明帝初，四方兵起，求救於神，遂封爲蔣王。齊永明中，崔慧景之難，迎神還臺，以求福助，事平，授以帝位。又按南史：梁武帝天監六年，旱甚，詔祈蔣帝求雨，十旬不降。帝命載荻焚其廟，當神上俄有雲如繖，倏忽驟雨如瀉，臺中宫殿振動，帝懼，馳詔追停，少時乃靜，自此帝益畏信。是時，魏軍圍鍾離，蔣帝神報勅必許扶助，既而無雨水長，遂挫敵人，凱旋之後，廟中人馬腳盡泥溼，當時目覩焉。齊既封以帝號，於是以廟門爲靈光之門，中門爲興善之門，外殿曰帝山，内殿曰神居，西閣有佛殿，名靈鷲，東閣即子文所居也。南唐追謚曰莊武帝，更修廟宇，本朝開寶八年焚毀，雍熙四年，邑人張革於舊基重建。景祐二年，知府陳待制執中復增修之，朝廷賜額曰惠烈。政和八年，本縣復加修飾。有南唐及景祐、政和廟記可考。今隸蔣山之北，去城二十里。

吴大帝廟

隸府城西門外，今廟庭即當時舊宫。唐大中初，邑人台州永寧簿周知業以家貲重修，建炎間兵火廢毀。其地在石頭城清涼寺之西，今去府七里。楊修之有詩云：「古木陰森廟巋然，龍蟠虎踞舊山川。當時鼎足一場夢，空裹旋風飛紙錢。」

晉元帝廟

舊在卞將軍廟側，今移在嘉瑞坊城隍廟之左。

晉卞忠貞廟〔二〕

晉尚書令、贈侍中、驃騎將軍卞壼，〔三〕謚忠貞。蘇峻之亂，與其二子力戰死之，葬吴冶城，今天慶觀乃其地也。後七十餘年，盗發其墓，尸僵如生，鬢髮蒼然，爪甲穿手背，安帝賜錢十萬，封之。入梁復毁，武帝又加修治。李氏有江南，建忠貞亭於其墓，穿地得斷碑，公名存焉，徐鍇實爲之識。本朝慶曆中，知府事、龍圖閣直學士葉公清臣又封墓刻石表之，改亭名曰忠孝，取其母之言曰：「父爲忠臣，子爲孝子也。」又五十年，左丞葉公夢得來守是邦，即爲亭堂，圖公像列之，常祀春秋祠焉，乃爲之記。

晉謝將軍廟

即晉謝玄也。唐咸通九年置，本朝開寶四年重修，在府城西南三里。

晉陰山廟

在縣南向西十二里。舊經云：建武中，丞相王導於岡阜間，隱約見數十步騎駐立於壟上，導怪之，使人致問，俄失其所。夜見夢於導曰：「我乃陰山神也。昨隨帝渡江，寓泊於晨見之所，卿爲我置祠，當福晉祚。」導乃以其事聞上，乃置廟於此，仍名其岡爲陰山。楊修之有詩云：「鑪香烟斷暮雲凝，陰德山高衆所稱。開府琅琊舊蒙福，龍飛一馬至中興。」

菩提王廟

神即楚大夫靳尚也，今在攝山。按神録：楚靳尚神居臨沂縣。舊經云：齊永明初，有法度禪師講經於攝山，嘗患山路磽确，僧徒疲於往來，神爲平治之。法度因爲受菩提戒，立祠於此，故世號菩提王。江總棲霞寺碑云：梁大同元年二月，神又見形，著菩提巾，披袈裟，容止甚都，來入禪堂，請士衆說法。〔四〕廟舊在山前，今移置棲霞寺門之右。

楚靳尚廟

攝山記云：楚靳尚以讒殺屈原，爲天所譴，作一大蟒，穴在山，後人爲之立廟。楊修之有詩云：「汨羅魚腹葬靈均，競渡如飛不救人。天意明知讒口毒，果遭天譴作蛇身。」

梁祈澤夫人廟

梁置，今隸祈澤寺之側。舊經云：有初法師者，嘗講法華經於山中，有女郎來聽，初問之，答曰：「兒東海龍王女也。」師告以山中乏水，後數日，忽聞風雨暴作，向曉有泉出於座下，後遂爲水旱祈禱之所，因號祈澤夫人。本朝紹興元年，旱，禱有應，本府狀其事於朝，且言已有祈澤夫人之號，因賜廟額曰嘉惠。今去城二十三里。

青溪夫人廟

按輿地志：青溪岸側有神祠，世謂青溪姑，南朝甚有靈驗，嘗見形於人祠，今與上水閘相近。説者云，隋平陳，斬張麗華、孔貴嬪於青溪柵下。今祠像有三婦人，乃青溪姑與二妃也。

二判官廟

舊經云：本延祚院土地神，唐會昌中寺廢。景福二年，神託夢於里人曰：「我二判官也，久爲延祚寺伽藍，今已遷次於寺外，可爲我置祠，當福於爾。」既而，夜見火光連天，人即潛於光所，窺見炬篝熒熒焉。因就其地建廟祀之。在府西門裏。

茅君白鶴廟

茅山白鶴廟記云：此廟即祠三茅君之所也。霓旌屢降，鶴駕時逢，茅君分理於赤城玉洞，每年以十二月二日駕白鶴於此會諸真君，故名焉。在句容縣東南三里。

楚平王廟

吴越春秋云：楚平王都於固城，廟今在溧水縣南九十里。昔周成王封熊繹子男之田於荆蠻之地，至莊王，賜姓爲芊音敉，楚姓氏。至靈王立，與敵日尋干戈，邊鄙不寧，時吴軍失利，乃陷瀨渚。至平王，用佞臣之言，殺太傅伍奢并其子尚。子胥奔吴，吴用之，破楚而入郢。此廟，即平王宫殿之舊址也，唐廣明元年重修。

荆將軍廟〔五〕

舊經云：荆軻廟也。列士傳曰：昔左伯桃、羊角哀往楚，併糧於梁山，左伯桃死而角哀達，乃厚葬伯桃於梁山下。一夕，角哀夢伯桃告曰：「幸感子葬我，奈何與荆將軍墓相鄰，每地下與吾戰，爲之困迫。今年九月十五日，將大戰，至時望子借兵馬於冢上，叫噪相助。」角哀覺而悲之，如期而往，曰：「今在冢上，安知我友地下之勝負。」乃命開棺自刎而死，報併糧之義也。廟在溧水縣南四十五里。

潘真君廟

舊經云：昔潘氏兄弟三人於此山中得道，化白鶴沖天而去，後人思而立廟，在溧陽縣東南六十里三鶴山下。

興德王廟

僞吳天祚二年，李先主昇夢中見其神，因立廟祀之，今廢，其地在鍾山蔣帝廟之北，去城十三里。

炳靈公廟

僞唐昇元中置。按五代史：後唐長興四年，封東嶽三郎爲威雄將軍。本朝大中祥符元年，奉勅封炳靈公。廟在府城新橋之西。

五龍堂

府城西門外古太一觀基也。南唐保大八年，改爲舞雩祠。十三年，有玄光尊像乘一木自江中流汎，及岸側而止，道衆迎接入堂，供事之。徐鍇嘗作記述其事。

張僕射廟

舊經云：唐天祐中，有清河張司徒者，營建金陵，百姓懷而祠之，今呼張僕射廟。廟之北，相去四里，有南唐張懿公墓道，或云僕射即懿公也，名君詠，字德之，嘗爲特進、太子太傅，初不曾任司徒，其説未詳。今在府城西門外十里。

茅司徒廟

按稽神録云：浙西僧德林，少時遊舒州，路見一夫荷鋤治方丈之地，左右數十里不見居人，問之。對曰：「頃時自舒之桐城至此，暴爲痁疾，不能去，因卧草中，及稍醒，已昏矣。

四望無人，惟虎豹吼叫，自分必死。俄有一人，部從如大將，至此下馬，良久，召二卒曰：『善守此人，明日送到桐城縣下。』遂上馬去，倏忽不見，惟二卒在焉。某即強起問之，答曰：『此茅將軍也。常夜出獵虎，憂汝被傷，故使護汝。』更欲問，即日已出矣。不復見二人，即起而行，意甚輕健。至桐城，頃之疾愈，以所見處立祠祀之。」德林止舒州十年，及回，則村落皆立茅將軍廟，今俗呼茅司徒。在溧陽縣東門外一里。

武烈帝廟

舊經云：隋司徒陳杲仁有戰功，唐封忠烈公，南唐僞册武烈帝。本廟在江陰。

校勘記

〔一〕蔣侯　原作「蔣公」，據吴本、馮本、庫本改，搜神記卷五、元和郡縣圖志卷二十五、太平寰宇記卷九〇亦同。

〔二〕忠貞廟　「貞」原作「正」，係避宋諱，今據晉書本傳改，下「忠貞亭」亦同。

〔三〕卞壺　「壺」原作「壼」，形近致誤，據吴本及晉書本傳改。

〔四〕請士衆説法　「士」，全隋文卷十一江總攝山棲霞寺碑作「寺」。

〔五〕荆將軍廟　坿識云：「此圖經之謬。按文選廣絶交論注引列士傳但云荆將軍墓，不云名軻。軻爲燕太子客，死於秦，安得有葬溧水之理？」朱説是，太平寰宇記卷九〇溧水縣下亦無荆將軍廟，而有左伯桃墓，並云在縣南儀鳳鄉。

六朝事迹編類卷十三

墳陵門

吴大帝陵

吴志：神鳳元年，大帝崩，葬蔣陵。按樂史寰宇記：在縣東北蔣山八里〔一〕。丹陽記云：蔣陵因山爲名。輿地志曰：九日臺當孫陵曲折之傍，故名蔣陵亭。蘇峻之亂，王師敗績於西陵，即此地也。今蔣廟相對，向西有曰孫陵岡，是爲蔣陵。

吴步夫人陵

吴赤烏元年，追拜夫人步氏爲皇后，後合葬蔣陵。今蔣廟西南有孫陵岡，上有步夫人墩，墩之側有夫人冢，乃其地也。

吴宣明太子墳

吴志：孫權皇太子登，謚宣明太子，初葬句容，後三年，移葬鍾山西蔣陵。

吴甘寧墓

伏滔記吴將甘寧墓在直瀆之下。俗云墓有王氣，孫皓惡之，鑿其後爲直瀆。唐温庭筠過吴主陵詩其略云，「虚開直瀆三十里，青蓋何曾到洛陽」，蓋譏之也。

吴葛仙翁墓

吴太極左仙翁葛玄墓，在句容縣西南一里。郡國志云：句曲有葛玄冢。

晉元帝陵

建康實録：晉元帝永昌元年春葬建平陵，在雞籠山之陽，不起墳。

晉明帝陵

建康實録：明帝太寧三年葬武平陵，在雞籠山之陽，不起墳。

晉成帝陵

建康實録：晉成帝咸康八年葬興平陵，在雞籠山之陽，與元帝同處，不起墳。

晉康帝陵

建康實録：晉康帝建元二年葬崇平陵，隸鍾山之陽，不起墳。

晉穆帝陵

建康實録：晉穆帝昇平五年葬永平陵，隸幕府山之陽，起墳。今幕府山前近西里，俗相傳有穆天子墳，即其地也。

晉哀帝陵

建康實録：晉哀帝興寧三年葬安平陵，隸雞籠山之陽，不起墳。

晉簡文帝陵

建康實録：晉簡文帝咸安二年葬高平陵，在鍾山之陽，不起墳。

晉孝武帝陵

建康實録：晉孝武帝太元二十一年葬隆平陵，在鍾山之陽，不起墳。

晉安帝陵

建康實録：晉安帝義熙十四年崩，明年葬休平陵，在鍾山之陽，不起墳。

晉恭帝陵

建康實録：晉恭帝元熙二年葬沖平陵，在鍾山之陽，與安帝同處，不起墳。

按東晉十一帝，元、明、成、哀四陵在雞籠山之陽，康、簡文、武、安、恭五陵在鍾山之陽〔二〕，並不起墳，今不復可辨，惟穆帝一陵，在幕府山，起墳。

晉山簡墓

建康實録：晉永嘉六年，征南將軍、荆州刺史山簡卒，歸葬建康真武湖南覆舟山之陽。

輿地志云：山簡墓在樂遊苑内。

晉温嶠夫人墓

建康實録：晉温嶠初葬豫章，朝廷追思之，乃爲造大墓，遷葬元、明陵北，幕府山之陽。

按晉書：嶠拜驃騎將軍、開府儀同三司、散騎常侍，封始安郡公，初葬豫章，後朝廷追嶠勳德，將爲造大墓於元、明二帝陵之北。陶侃上表願停移葬，詔從之。其後嶠妻何氏卒，子放之便載喪還，詔葬建平陵北，即是嶠妻何氏墓，非嶠墓也。

晉郭璞墓

玄武湖中有大墩，里俗相傳曰郭璞墓。按晉王敦加荆州牧，敦將舉兵，使璞筮，璞曰：「無成。」敦怒，收璞斬之。當時或歸葬於此。

晉竺使君墓

隸金陵鄉張陣湖，墓前有二碑，以晉書參考之，乃寧朔將軍竺瑶，常爲桓温部將，太和五年破袁瑾於武丘。

宋武帝陵

建康實録宋高祖永初三年葬初寧陵，隸丹陽建康縣蔣山。圖經云：在縣東北二十里。政和間，有人於蔣廟側得一石柱，題云「初寧陵西北隅」，以此考之，其墳當去蔣廟不遠。

宋文帝陵

建康實録：宋文帝元嘉三十年，葬長寧陵。圖經云：隸縣東北二十五里，與武帝陵相近。今未詳所在。

宋文帝袁后陵

南史：宋元嘉十七年，葬皇后袁氏於長寧陵。長寧即文帝陵也。

宋明宣沈太后陵

南史：宋明宣沈太后爲文帝美人，生明帝。元嘉三十年，葬建康之幕府山。今寶林寺西南有墳壟，相傳爲國婆墳，疑即沈后所葬之地。

宋明帝陵

建康實録：宋明帝泰豫元年葬高寧陵，隸臨沂縣幕府山，西與王導墳相近。今山前有墳壠，晉穆帝陵在山南，或以西爲明帝之墳。

大司徒甄邯墓　亡新墓附此

圖經云：在縣北七里後湖之側。按南史：宋張永嘗開真武湖遇古冢，冢上得一銅斗，有柄。文帝以訪朝士。著作郎何承天曰：「此亡新威斗。王莽三公亡，皆賜之。一在冢外，一在冢内。時三公居江左者，惟甄邯爲大司徒，此必邯之墓。」及啓冢，又得一斗，復有一石銘，云「大司徒甄邯之墓。」今未詳所在。

宋謝濤墓

按土山淨名寺新得古碑云：宋散騎常侍謝濤，元嘉十七年，葬於揚州丹陽郡建康縣東

鄉土山里。〔三〕

宋謝濤夫人王氏墓

夫人琅琊王氏，大明七年，合祔於土山里謝濤之墓，有古碑可考，夫人之祖曰獻之，父曰靜之。

冥漠君墓　古墓附此

宋書云：元嘉七年，彭城王義康修東府城，城壍中得古冢，爲之改葬，使法曹參軍謝惠連爲祭文，其略云：東府掘城北壍，入丈餘，得古冢，上無封域，不用甎甓。銘志不存，世代不可得而知也。公命城者改埋東岡，祭之以豚酒，既不知其名字遠近，故假爲之號曰冥漠君云爾。

齊明欽劉皇后陵〔四〕

南史：齊明欽劉皇后，高帝爲明帝納之，永明七年，葬江乘縣張山。今隸淳化鎮之北。

齊巴東獻武公墓

在棲霞寺側有碑額云：齊故侍中、尚書令、丞相巴東獻武公之墓。

齊明僧紹墓

隸攝山棲霞寺前。明隱居僧紹舊居攝山，後葬此，今去城四十五里。

梁吴平忠侯墓

南史：梁吴平忠侯蕭景，字子照，謚曰忠。墓在花林之北，有石麒麟二、石柱一，題云「梁故侍中、中撫將軍、開府儀同三司、吴平忠侯蕭公之神道。」今去城三十五里。

梁始興王墓

南史：梁始興王蕭憺，謚曰忠武。墓在清風鄉黄城村，有石麒麟四及神道碑，云「梁故侍中、司徒、驃騎將軍始興忠武王之碑」。今去城三十七里。

梁安成王墓

南史：梁安成王蕭秀字彦達，謚曰康。墓在甘家巷，有石麒麟一、〔五〕石柱一及神道碑二，題云「梁故散騎常侍、司空、安成康王之神道」。南史稱佐吏夏侯亶等表立碑誌，王僧孺、陸倕、劉孝綽、裴子野各製其文，欲擇而用之，咸稱實録，遂四碑並建。今所存者二，其一已磨滅，其一字畫猶可讀，乃彭城劉孝綽文也。去城三十八里。

梁臨川王墓

南史：梁臨川王蕭宏字宣達，謚曰靖惠。墓在北城鄉，有石柱一、碑一，題云「梁故假黄鉞、侍中、大將軍、揚州牧、臨川靖惠王之神道」。去城三十里。

梁建安侯墓

南史：梁建安侯蕭正立，謚曰敏。墓在淳化鎮西宋野石柱塘，有石柱二，題云「梁故侍中、左衛將軍、建安敏侯之神道」。去城三十五里。

陳高祖陵

建康實録：陳高祖永定三年葬萬安陵，〔六〕隸縣東南古彭城驛側，今縣東崇禮鄉，地名陵里，有曰天子林，其地有石麒麟二，里俗相傳即陳高祖墓也。去城二十五里。

陳文帝陵

建康實録：陳文帝天康元年葬永寧陵，隸縣東北陵山之南，今鴈門山之北。

左伯桃墓

烈士傳曰：左伯桃、羊角哀，燕人也。二人爲友，同時遊學，聞楚王待士，乃同入楚。至梁山，值雨雪，糧少，伯桃乃併糧於角哀，令往事楚，自入於空樹中餓死。角哀至楚爲上大夫，乃告楚王備禮葬左伯桃於此。唐大曆六年，魯公顔真卿經此，以詩弔之，書於莆塘。在溧水縣南四十三里。

雙女墓

雙女墳記曰：有雞林人崔致遠者，唐乾符中補溧水尉，嘗憩於招賢館。前岡有冢，號曰雙女墳，詢其事迹，莫有知者，因爲詩以弔之。是夜，感二女至，稱謝曰：「兒本宣城郡開化縣馬陽鄉張氏二女，少親筆硯，長負才情，不意父母匹於鹽商小豎，以此憤恚而終，天寶六年同葬於此。」宴語至曉而别。在溧水縣南一百一十里。

南唐張懿公墓

公名君詠，字德之，有神道碑題云「大唐順天翊運功臣、特進、守太子太傅、上柱國、清河郡開國公張懿公神道」。去府城十里，在石頭城後。

南唐李順公墓

公名金全，字德鏐，有神道碑題云「唐故開府儀同三司、檢校太尉、兼侍中、贈中書令李順公神道」。在城西金陵鄉七里鋪。

南唐高越墓

攝山棲霞寺舊門外北山之麓，有石題云「侍郎高府君墓」。去縣四十五里。

校勘記

〔一〕在縣東北蔣山八里　各本皆同，據太平寰宇記卷九〇「蔣山」下有一「南」字，是。

〔二〕康簡文武安恭五陵　「武」當作「孝武」，謂晉孝武帝陵也。

〔三〕元嘉十七年葬於揚州丹陽郡建康縣東鄉土山里　陶宗儀古刻叢鈔載宋故散騎常侍揚州丹楊郡秣陵縣謝公墓誌「十七年」作「十八年」，「建康縣」下無「東鄉」二字，當依誌文爲準。

〔四〕齊明欽劉皇后　據南齊書、南史本傳「欽」當作「敬」，此避宋諱改。

〔五〕石麒麟一　「一」，吴本、庫本作「二」。

〔六〕萬安陵　原作「高安陵」，據季本及建康實録卷十九改，陳書武帝紀下、南史陳本紀上亦同。

六朝事迹編類卷十四

碑刻門

吴孫晧封禪碑，〔一〕在常州宜興縣封禪山，磨崖而刻，今尚存。

吴天璽元年紀功三段石碑，〔二〕皇象書。

晉侍中右光禄大夫西平靖侯顔公大宗碑，〔三〕公名含，字弘都。今在府學，顔真卿書。

晉右光禄大夫西平靖侯顔府君碑，〔四〕真卿書，今在府學。

晉建威將軍思平縣侯笁使君銘，〔五〕在金陵鄉張陣湖。

晉建威將軍思平縣侯笁使君頌，在張陣湖，碑石損斷。

宋謝濤夫人王氏墓誌，〔六〕在土山净名寺後菜園中，今移在上元縣。

齊侍中尚書令巴東獻武公碑，〔七〕在黄城村，梁普通三年造。

梁侍中司徒驃騎將軍始興忠武王碑，〔八〕徐勉造，貝義淵書，在清風鄉黄城村。

梁散騎常侍司空安成康王碑，〔九〕劉孝綽撰，貝義淵書，在清風鄉甘家巷。

梁永陽昭王墓誌銘，〔一〇〕徐勉造，在清風鄉居民井側，今在上元縣。

梁永陽敬太妃墓誌銘，徐勉造，在清風鄉路傍。〔一一〕

梁臨川靖惠王神道石柱，〔一二〕在北城鄉。

梁侍中吴平忠侯蕭公神道石柱，在清風鄉花林村。〔一三〕

梁建安敏侯神道石柱，〔一四〕在鳳城鄉淳化鎮西。

梁上清真人許長史舊館壇碑，〔一五〕丹陽陶弘景撰并書，天監十三年立；碑陰刻華陽頌，普通三年五月五日立；唐紫陽觀主劉行矩等重勒，在句容玉晨觀。

陳江總棲霞寺碑，〔一六〕在攝山。

陳宫井欄題刻，在法寶寺之西，邦人云字漫滅，惟「戒哉」二字可辨，今不知其所。

平陳碑，〔一七〕隋薛道衡撰文，虞世南書，在石頭城西。

大唐高宗明徵君碑，在攝山棲霞寺，高宗撰，高正臣書。

大唐棲霞寺齊會記，〔一八〕大和五年立。

大唐棲霞寺律大師碑，大曆四年立。

大唐重建開善寺記，在蔣山寺。

大唐玉清觀四等碑，開元十五年立，陶巨莊書，碑石損斷，今置崇禮鄉玉清觀墓上。

大唐沈傳師齋疏，在棲霞寺，沈傳師題名，在千佛嶺。

大唐王法主碑，〔一九〕鳳閣侍郎、同鳳閣鸞臺三品、弘文館學士劉禕之文，唐文明元年立，在茅山崇玄觀。

大唐玄靖先生李含光碑，〔二〇〕湖州刺史、魯郡公顔真卿文并書，在玉晨觀。

大唐遥傷茅山孫尊師詩碑，唐司空、兼門下侍郎平章事李德裕述，前知鹽鐵轉運使、上柱國裴質方書，在玉晨觀。

大唐三洞景昭大法師韋君碑，〔二一〕檢校國子司業吴縣開國男陸長源文，檢校尚書兵部郎中、兼侍御史竇臮書并篆額，唐貞元三年立，在玉晨觀。

大唐下泊宫記，觀察判官監察御史裏行王師簡文，弘文館校書郎段令緯篆額，在玉晨觀。

大唐祠宇宫白鶴廟記，〔二二〕大曆十三年三月立，尚書水部員外郎河東柳識文，華陽崖舍退士中山劉鳴素書，在鴻禧院。

大唐正義女碑，李白文，在溧陽縣穎陽江北。

僞吴興化院銅鐘鑄文，徐温鑄，在丹陽鄉香林寺。

僞吴釘石鑄文，順義元年鑄，在靖安鎮。

南唐方山寶華宫碑，〔二三〕在方山崇真觀。

南唐洞元觀請鐘記，在崇真觀。

南唐寶華宫功德什物記，在崇真觀。

南唐李順公神道碑，高越書，在石頭城北。

南唐張懿公神道碑，〔二四〕朱銑書，在石頭城後。

南唐蔣莊武帝廟碑，〔二五〕徐鉉撰，朱銑書。圖經云：已亡，今碑石在蔣廟門外，此圖經之誤也。

南唐紫陽觀碑，〔二六〕太子右諭德徐鉉文，尚書虞部郎中楊元鼎書并篆額，在茅山玉晨觀。

南唐許真人井銘，〔二七〕徐鉉文并書，在玉晨觀。

南唐徐鉉題名，在棲霞寺千佛嶺。〔二八〕

南唐齊丘鳳臺山詩刻，〔二九〕在保寧寺。

南唐夫人易氏墓誌額，〔三〇〕在土山净名寺。

南唐李後主祭悟空禪師文，〔三一〕并親書「德慶堂」三字，在清涼寺。

南唐開善寺井記，〔三二〕在蔣山寺。

南唐義井欄刻字，〔三三〕在石頭城後七里鋪。

南唐僧用虛題棲霞寺詩，〔三四〕在本寺千佛嶺。

景德棲霞寺殿記，在本寺，高陟撰。

景祐重造蔣廟碑，陵陽景撰，今置蔣廟庭下。

惠烈廟記，在蔣廟，曹熙立。

蔣廟篆祭文，蔣堂文，邵必篆，今在廟中。

道光泉記，王安國撰，在蔣山寺。

八功德水記，梅摯撰，在蔣山悟真菴後。

蔣山太平興國寺莊田記，僧贊元立。

蕭帝寺記，元絳撰，在法光寺，今名鹿苑寺。

子隱堂記，梅摯撰，在法光寺。

白雲菴記，王安國撰，在棲霞寺。

寶禪師語録序，米芾書，在惟政鄉半山寺。

溧陽長潘元卓校官碑，今在溧水縣。漢碑附此。

校勘記

〔一〕吴孫皓封禪碑　此碑趙明誠金石録卷二十、王昶金石萃編卷二十四、江蘇金石志卷二皆著録。

〔二〕吴天璽元年紀功三段石碑　朱彝尊金石文字跋尾卷三、嚴觀江寧金石記卷一並著録。

〔三〕晉侍中右光禄大夫西平靖侯顔公大宗碑　歐陽棐集古録目卷八著録。

〔四〕晉右光禄大夫西平靖侯顔府君碑　陳思寶刻叢編卷十五著録。

〔五〕晉建威將軍思平縣侯竺使君銘　竺使君銘頌碑二，陳思寶刻叢編卷十五引王厚之復齋碑録著録。

〔六〕宋謝濤夫人王氏墓誌　謝濤墓誌見陶宗儀古刻叢鈔。寶刻叢編卷十五引復齋碑録云：「宋散騎常侍謝濤埋銘，濤字明遠，春秋四十有（缺），元嘉十八年，歲次屠維，月旅（墓誌作依）林鐘，十七日卒，其年九月三十日，窀穸於揚州丹陽郡建康縣東鄉土山里。夫人王氏，大明七年歲次單閼十月十四日（墓誌作十一月十四日）合祔。」

〔七〕齊侍中尚書令巴東獻武公碑　巴東獻武公即蕭穎胄，此碑寶刻叢編卷十五引復齋碑録著録。

〔八〕梁侍中司徒驃騎將軍始興忠武王碑　始興忠武王即蕭憺，梁書、南史並有傳。此碑寶刻叢編卷十五引復齋碑録著録。近人朱希祖有考釋，見六朝陵墓調查報告六朝建康冢墓碑誌考證。又今人汪慶正云，此碑在「南京堯化門外，碑額文字清晰，碑文有一部可見」，見一九八五年文物第三期南朝石刻文字概述。

〔九〕梁散騎常侍司空安成康王碑　安成康王即蕭秀，梁書、南史並有傳。此碑寶刻叢編卷十五引復齋碑録、古刻叢鈔、江蘇金石志卷二並著録。

〔一〇〕梁永陽昭王墓誌銘　永陽昭王即蕭敷，見南史梁宗室傳。此墓誌有拓本，今藏上海博物館，嚴可均全梁文卷五〇據墓誌拓本鈔録。

〔一一〕梁永陽敬太妃墓誌銘徐勉造在清風鄉路傍　墓誌見古刻叢鈔。誌云永陽敬太妃「祖粹，給事黄門侍郎。父儼，左將軍司馬，尋陽内史。並見稱時輩」，「以普通元年十月廿三日遘疾，十一月九日己卯薨於第，春秋五十有九」。又云「粤其月廿八日戊戌，附瘞於琅邪臨沂縣長干里黄鵠山」，此云「清風鄉路傍」疑有誤。

〔一二〕梁臨川靖惠王神道石柱　臨川靖惠王即蕭宏，梁書、南史並有傳。其神道石柱寶刻叢編卷十五引復齋碑録著録，莫友芝金石筆識云：「梁臨川靖惠王蕭宏神道二石柱，在上元北城鄉張庫村，去安成碑南可十里，距朝陽、太平兩門各二十餘里。」民國二十三年十月，朱希祖訪得之。

〔一三〕梁侍中吴平忠侯蕭公神道石柱在清風鄉花林村　吴平忠侯即蕭景，梁書、南史有傳。其神道石柱寶刻叢編卷十五引復齋碑録著録，莫友芝金石筆識云：「梁吴平忠侯蕭景神道石柱，在始興碑西南三里，所謂花林村之名，今猶存。」民國二十三年十一月，朱希祖訪得之。

〔一四〕梁建安敏侯神道石柱　建安敏侯即蕭正立，見梁書臨川靖惠王宏傳、南史梁宗室傳。其神道石杜寳刻叢編卷十五引復齋碑録著録，民國二十四年一月，朱希祖訪得之。

〔一五〕梁上清真人許長史舊館壇碑　此碑及唐紫陽觀主劉行矩等重勒之碑，並見著録於寳刻叢編卷十五引諸道石刻録。

〔一六〕陳江總棲霞寺碑　李光暎觀妙齋藏金石文考略卷五、武億授堂金石文續跋卷一、嚴觀江寧金石記卷一皆有著録。

〔一七〕平陳碑　寳刻叢編卷十五引諸道石刻録著録此碑。

〔一八〕大唐棲霞寺齊會記　寳刻叢編卷十五引復齋碑録著録，此碑立於大和五年九月。

〔一九〕大唐王法主碑　歐陽棐集古録目卷五、寳刻叢編卷十五並著録。

〔二〇〕大唐玄靖先生李含光碑　寳刻叢編卷十五著録。

〔二一〕大唐三洞景昭大法師韋君碑　寳刻叢編卷十五引復齋碑録著録。可參見坿識韋君碑條。

〔二二〕大唐祠宇宮白鶴廟記　寳刻叢編卷十五引諸道石刻録著録。

〔二三〕南唐方山寳華宮碑　寳刻叢編卷十五引復齋碑録著録，此碑立於保大四年六月。

〔二四〕南唐張懿公神道碑　寳刻叢編卷十五引諸道石刻録著録，此碑立於保大六年。

〔二五〕南唐蔣莊武帝廟碑　寳刻叢編卷十五引諸道石刻録著録。

〔二六〕南唐紫陽觀碑　寶刻叢編卷十五引諸道石刻録著録，云此碑立於「己未歲十二月」，即南唐李璟交泰元年。

〔二七〕南唐許真人井銘　寶刻叢編卷十五引諸道石刻録著録。

〔二八〕南唐徐鉉題名在棲霞寺千佛嶺　江蘇金石志卷七著録，唯「千佛嶺」作「千佛巖」。

〔二九〕南唐齊丘鳳臺山詩刻　寶刻叢編卷十四引諸道石刻録著録，並云治平四年重摹。

〔三〇〕南唐夫人易氏墓誌額　碑有額而墓誌無額，誌外合，一石題銜名稱蓋，此「額」當作「蓋」字，詳見坿識夫人易氏墓誌額條。

〔三一〕南唐李後主祭悟空禪師文　寶刻叢編卷十五引諸道石刻録著録保大九年。

〔三二〕南唐開善寺井記　寶刻叢編卷十五引諸道石刻録著録，並云碑立於保大三年。

〔三三〕南唐義井欄刻字　寶刻叢編卷十五引諸道石刻録著録，並云碑立於保大八年三月。

〔三四〕南唐僧用虛題棲霞寺詩　江蘇金石志卷七著録。

附録

跋

高陽許嵩作建康實録，文多汗漫，參考者疲於省閲。新安張養正裒舊史而爲六朝事迹編類，部居粲然，俾江左三百餘年之故實，名布方策，非博雅好古，未易成此書也。余叨守建康，養正適以議郎居幕府，因取其書，刊於此邦。養正名敦頤，屢專侯類，以文章道義，爲學者之所矜式，此特餘事爾。紹興庚辰立冬日，東魯韓仲通書。

紹興三十年十月　日

建康府學開鏤司書黄永弼校勘

右迪功郎權江南東路安撫司準備差遣　程禧

右通直郎知建康府上元縣主管勸農公事兼兵馬監押　滕瑾

右宣教郎知建康府江寧縣主管勸農公事兼兵馬監押　陳希年
左奉議郎充江南東路安撫司幹辦公事　張敦頤
右承議郎充江南東路安撫司主管機宜文字　趙一鶚
左朝請郎添差充江南東路安撫司參議官　傅禄卿
右朝奉郎通判建康軍府兼管内勸農事提舉圩田　李衡老
右朝奉大夫通判建康軍府兼管内勸農事提舉圩田　蘇師德
左朝散大夫尚書户部郎中總領江東淮西諸軍錢糧所主管御前軍馬文字　都　絜
敷文閣學士右大中大夫知建康軍府江南東路安撫使馬步軍都總管兼行宮留守司公事東魯郡開國侯食邑二千户食實封叁伯户　韓仲通

識語

六朝事迹編類十四卷，宋江東幹官張敦頤撰，建康留守韓仲通所刊也。書作於紹興三十年，高宗戢影臨安，是年殿中侍御史杜莘老請駐蹕建康，以增士氣，故此書於六朝建都一門，極言建康爲根本地，以吴孫皓、梁元帝、李嗣主爲失策，此著書之微意，不獨誇名勝遊覽而已也。總叙一門，言城鎮拒守最詳，其餘諸門，亦多駁正舊説。如檀城，據建康實録在墅城東八里，非去縣八里；方山，據南齊書徐孝嗣諫，武帝未嘗築苑；温嶠墓，據晉書當是嶠妻何氏墓之類。周應合景定建康志實多取之，亦有周略而此詳者，如芳樂苑，周列宫殿中，作芳樂殿。又如南唐興德王廟，僅見此書。宋人載金陵事書，如陳軒金陵集、石邁古迹編、金陵故事、乾道、慶元二志等俱罕傳，則此書亦幸存矣。

壬辰春，於京師琉璃廠見曹楝亭家藏鈔本此書及石林建康集，俱有「楝亭曹氏藏書」六字印，又「長白敷槎氏昌齡」印。因購建康集假是書以臨寫之。内「玄武湖」作「真武湖」、貞觀忠貞「貞」皆作「正」，定爲宋本。此書直齋書録解題作二卷，與六朝宫苑記俱無撰人名氏。兹本十四卷與張氏自序及宋史藝文志合，乃知世所行明吴琯刊本併爲上下卷，非其舊也。吴刊本「昪」訛爲「昇」南唐先主李昪，音弁，日光貌，明也。作「昇」非。「臬」訛爲「泉」唐韋君碑，竇臬書，臬古暨字，見説文。竇臬作「述書賦」者，作「泉」非。「楊修之」訛爲「楊修」。景定志云：楊備字修之，慶曆中爲尚書虞部員外郎，分司南京，上輕車都尉，往復江上，賦金陵覽古百題詩，各注其事於題之下。作「楊修」非。他如脱落處，文理多不貫，玆本較爲完好，然亦不能全無誤字，蓋傳鈔之過，今悉仍之。審書中如烏衣巷，張氏引晉書王導、紀瞻皆在此巷，而又引劉斧拾遺王榭航海，改劉禹錫詩「王謝」作「王榭」。瓦官寺，「棺」當作「官」，此書不引晉哀帝以陶官地施僧慧力造寺，而引長沙僧瓦棺中舌吐青蓮。馬鞍山，隋、陳爭馬鞍山在巫峽間，誤引於此，又誤以「呂忠肅」爲「魯肅」，皆失考。俱爲景定志所駁。又昭明太子墓，不言安寧陵，而引窮神祕苑燕雀湖，臺城獨詳沈約鬼子青箱吟詩，菩提王、靳尚兩載其廟，城郭宮殿，未爲賅備，而靈異、讖記、神仙、寺院、廟宇分爲五門，頗不免好奇之失，繁簡失宜，或沿襲圖經舊説，未盡可據。若古迹如新林、板橋、梅岡、烈洲之内俱未載。宋史仍有吴彦夔六朝事迹别集十四卷，相輔而行，當續訪之。同學張君容園博學嗜古，雅好金石，以此書碑刻一門，可資考證，爰重付梓。余因舉管見，攟摭數事，附識於末，以質當世。道光庚子夏五月，金陵朱緒曾識。

坿識

朱緒曾撰

建業　此書序云：晉太康初，廢建業復爲秣陵，非也。按晉書地理志云：太康三年，分秣陵北爲建鄴。太平寰宇記：晉太康三年，分淮水北爲建業，淮水南爲秣陵。蓋二邑並置，未嘗廢建業也。又建業，字因避愍帝諱，改爲建康，諸書皆同，獨晉志失載，而云改「業」爲「鄴」。晉書凡建業皆作「鄴」，後人多沿用之，然當以「業」爲正。

江寧　序但云：隋併秣陵、同夏、建康三縣入江寧縣，未詳江寧各所自始，諸書所載各異。晉書地理志云：太康二年，分建鄴置。宋書州郡志云：太康元年，分秣陵立臨江縣，二年，更名。按江寧在淮水南，宋書謂分秣陵置，是也。太平寰宇記云：故江寧縣城，在縣南七十里。輿地志：晉永嘉中，帝初過江南，以江外無事寧靜，因置江寧縣。以江寧縣爲元帝所置，與諸書不合，然言江寧命名之義，似可備一説，景定志亦未引及，故特録之。

江寧府　按唐至德二年置江寧郡，此序未及。考元和郡縣志云：武德三年，杜伏威歸化，改江寧爲歸化縣。九年，改爲白下縣，屬潤洲。貞觀九年，又改白下爲江寧。至德二年，於縣置江寧郡。乾元元年，改爲昇州，兼置浙西節度使。上元二年，廢昇州，仍改江寧爲上元縣。此序吴、南唐沿革，據南唐書當補封徐温爲齊國公事。李昪本徐知誥，僭位後始改姓名，此直云封李昪爲齊王，亦誤也。吴琯本更脱落不可通。

漢川益州　論梁廢興云：承聖三年，魏陷漢川、益州，並誤也。據周書、梁書，梁大寶二年十月，魏達奚武取漢中，侵南鄭。承聖元年四月，秦、梁刺史蕭循降魏。〔一〕承聖二年，尉遲迥伐蜀。八月，益州刺史蕭撝降魏。〔二〕承聖三年，魏取襄，徙岳陽王詧於江陵。又陳文帝天嘉二年，破周將賀若敦，武陵等六郡復南屬。〔三〕

靈和殿 南史云：時舊宮芳林苑始成，武帝以植於太昌、靈和殿前。建康實録亦作太昌、靈和殿。元王士點禁扁云：二殿並在青溪。

滎陽 吴孫皓置，當作「營陽」。宋書州郡志：營陽，江左分零陵立。元和郡縣志：吴分零陵置營陽郡，以郡在營水之南，因以爲名。此作「滎陽」，沿晉志之訛，晉志謂穆帝立營陽，亦誤。此篇三國、兩晉州郡沿革，全用晉志，詳畢尚書沅晉志補正。

檀城 此本謝玄别墅，與東山墅，自是兩地。輿地志謂謝安弈棋所勝者，是也。按晉書、建康實録云：安命駕出土山墅，此安之墅也。云留玄圍棋賭别墅，此玄之墅也。若玄勝，則土山墅屬玄，今安勝，故以玄墅乞羊曇，〔四〕文義易曉，後人不知玄自有墅，遂謂安以土山墅乞羊曇，誤矣。豈有勝棋而反輸物耶？又重請者張玄，而賭棋者謝玄，明李維楨力辨安與張玄賭棋，謂非謝玄，不知張玄焉得有墅，亦何爲懼而不勝耶！

烽火樓　自建康至江陵五千七百里。按建康實録：紀陟答司馬昭曰：「自西陵至江都五千七百里。」此書云「自建康至江凌」，非也。

衛玠臺　景定志有衛玠墓而無衛玠臺，此書亦未言築臺之故，疑誤。

賞心亭　景定志載此甚詳，然有三書未引。按曾敏行獨醒雜志云：晉公自兩制出守金陵，陛辭之日，章聖以八幅袁安卧雪圖賜之，旁題云「臣黄居寀定到神品」，蓋不知爲誰筆也。其所畫林石廬舍之所，人物苦寒之態，無不逼真。侈上之賜，於金陵城西北隅築堂曰賞心，施此圖於巨屏，觀者驚異。張舜民郴行録云：〔五〕丁晉公登賞心亭，以家藏袁安卧雪圖張挂之於屏風，晉公既去，未幾遂亡其圖。繼來者又以布衣鄧淑所畫寒蘆野鴨圖充之，今蘆鴨亦無，有但紙糊粉堊而已。湘山野録云：賞心亭，丁晉公出鎮日重建。秦淮絶致，清在軒楹，取所寶周昉袁安卧雪圖張於亭之屏，凡經十四守，雖極愛而不敢輒覬。偶一帥竊去，以布按此下脱「衣鄧淑」三字。畫雁掩之。君玉復守是郡，登亭留詩云云。王琪詩已見此書中。詩與江山相表裏，爲貿畫者之蕭斧也。阮閲詩話總龜引此條多脱誤。諸書所言黄居寀、鄧淑姓名，足補景定志之缺。王漁洋尚書謂：「宋真宗賜王欽若，蓋因丁謂而訛耳。」

聽箏堂

江南通志辨訛類云：舊志引六朝事迹云晉元帝幸謝安宅，命讌，使桓伊笛，又奏箏，作金縢曲，此孝武，非元帝也。伊自請箏歌，乃在帝所，非安宅。今觀此書云：晉孝武幸謝安宅，並無晉元帝之訛。至云幸謝安宅，則與諸書不合。建康實録云：時上嗜酒，司馬道子專政昏亂，謝安女壻王國寶諂媚於道子，安惡其爲人，每抑制之。國寶讒諛，稍行於主相之間，以安功名盛極而搆會之，隙遂成。帝時召伊飲宴，安侍坐，帝命伊吹笛，即爲一弄，乃放笛云：「臣於箏分乃不及笛，然自足以韻合歌管，請以箏歌，並請一吹笛人。」帝善其調達，乃敕御妓奏笛。伊又聞：「御府人於臣必自不合，臣有一奴，善相便串。」帝彌賞其放率，乃許召之。奴既吹笛，伊便撫箏而歌怨詩曰：「爲君既不易，爲臣良獨難。忠信事不顯，乃見有疑患。周旦佐文武，金縢功不刊。推心輔王政，二叔反流言。」聲節慷慨，俯仰可觀。安泣下沾襟，乃越席而就之，捋其鬚曰：「使君於此不凡！」帝甚有媿色。晉書略同，此書割裂致舛，通志又從而甚之，乃知讀史不易删節也。又聽箏堂非謝安墓，此書云「至今樵采者不敢近」，亦殊不可解。

芳樂苑

景定志宫殿云齊芳樂殿引齊史云：東昏侯大起芳樂、玉華諸殿。按南齊書云：後宮遭火之後，更起仙華、神仙、玉壽諸殿，又於閱武堂起芳樂苑。不載芳樂殿之名。南史云：於是大起諸殿，芳樂、芳德、仙華、大興、含德、清曜、安壽等殿。又別爲潘妃起神仙、永壽、玉壽三殿。又以閱武堂爲芳樂苑。殿苑皆有芳樂之名，獨景定志云玉華殿不知所出，蓋即玉壽之訛。又景定志不載芳樂苑，亦漏略也，禁扁最詳。

迎擔湖　擔，負擔之義，都濫切，字從手。景定志作「檐」，非也。按宋以前言石頭城後有此湖與玄武湖，宋時曾廢爲田，並無莫愁湖之名，至明人附會盧莫愁，遂流爲丹青。呂太守新修府志云見太平寰宇記，考寰宇記本無其名，前人已多辨之矣。獨勝棋樓羣信爲明太祖、徐中山賭棋，實有其事。及讀王世貞金陵諸園記云：東園，一曰太傅園，明太祖賜中山王者，餘魏公諸園，皆徐氏子孫所創，莫愁湖園者，亦徐九別業也。乃知中山王時，並未有湖園，豈有賭棋之事。又讀京山李維楨游莫愁湖記云：前爲四美堂，是徐髯仙篆，後爲勝棋樓，則徐公子筆也。謝安賭棋在東山墅，謂樓可以冒墅乎？其論之如此。徐公子即徐九。是王、李二記，俱不言明太祖、徐中山賭棋事，小説傳聞，恐不如弇州、中山之足據也。然魏國諸園盡圮，獨賴此一曲湖光，瞻仰遺像，子孫之宅，祖宗依之，當奉馨香於勿替也。

蘇峻湖　晉書成帝紀、建康實録俱云蘇峻爲李陽所斬，獨晉書蘇峻傳云，峻突陣不得入，將迴趨白木陂，牙門彭世、李平等投之以矛，墜馬，斬之。白木陂亦與白石陂異。

桃葉渡　此沿圖經之誤，景定志削而不載是也，前人已辨之矣。隋書五行志云：陳時，江南盛歌王獻之桃葉詞，後隋晉王廣伐陳，置將桃葉山下，及韓擒虎渡江，大將任蠻奴至新林以導北軍之應。〔六〕然亦無桃葉渡之名。又今上水門，乃楊吴造，城始貫淮水於城中，若晉時自是城外，獻之迎妾渡江及杜枚商女隔江之唱，詩人偶爾寄興，非可泥以地界也。明時桃葉渡遍種桃花，國初改設利涉橋，卓發之詩、池北偶談已言之矣。

景陽井　張舜民郴行録：辱井石檻上刻後主事，小字八分，極其精古，乃大曆七年張署文，頗詳，爲近年俗人題記刊刻所掩，甚可惜也。又有太和四年篆書，可見者數字耳。王象之輿地碑記目云：景陽井銘有二：其一隋煬帝所作，其一張著撰。又陳景陽宮井欄石刻，唐人書，今在舊行宮。歐陽公云：「晉王書戒哉戒哉，字已不存。」象之觀書擒虎，則闕去虎字，書世則作廿，皆以避唐諱，知爲唐刻也。

鳳臺山　「鸑鷟」，姚寬西溪叢話作「鷟鸑」。宋元豐九域志載江寧縣有鳳臺山。

馬鞍山 景定志駁之是已。陳書吕忠肅，南史脱「忠」字，然與金陵無涉。

望祭山 諸書皆有四望山，而無望祭山，然諸書亦無望祭之義，此書亦不言山所在，又無四望山，惟引通典省四望座等事，所未詳也。

平陵山 韓晃斬於山下。圖經云蘇逸亦斬於山下，非也。晉書成帝紀：咸和四年二月乙未，將軍王允之及逸戰於溧陽，〔七〕獲之。蘇峻傳：蘇逸爲李湯所執，〔八〕斬於車騎府。又張健與馬雄、韓晃等輕車俱走，李閎率鋭兵追之，及於巖山。〔九〕健等不敢下山，晃獨出，帶兩步叙箭，卻據胡牀，彎弓射之，殺傷甚衆。箭盡，斬之。巖山，即平陵山。寰宇記亦載。

白楊路 「吾侶偶游」句有脱誤。南史袁粲傳：嘗步屧白楊郊野，道遇一士大夫，便呼與酣飲，明日此人謂被知顧，到門求進。粲曰：「昨飲酒無偶，聊相邀耳。」竟不與相見。語句小異，即此事也。

烏衣巷 景定志辨王謝燕是已。按山謙之丹陽記云：吴時烏衣營處，是烏衣之名始於吴，而晉王謝特居此巷耳。近人謂王謝子弟皆服烏衣，謬甚。

秦淮石誌 輔公祏大宋乾德四年石誌，楊文公談宛、陳鵠耆舊續聞皆與此同，〔一〇〕玉海有乾德、天明二號，然考唐書武德六年八月輔公祏反，國號宋，七年三月斬之，首尾僅二年耳，且兩改元，據此安得有乾德四年之誌乎？疑元年之訛。

郗氏化蛇　據南史，郗氏没於襄陽，返葬徐州。没於梁武未即位之前，豈得云以生存妬六宫耶！鹿苑寺龍天王井，蓋又因梁皇寶懺而附會也。

燕雀湖　此書靈異門有燕雀湖，墳陵門無昭明太子陵，甚爲疎漏。窮神秘苑所云不見正史，武帝無移葬昭明事，蓋坿會景帝殺臨江閔王，燕數萬銜土置冢上，王莽掘丁姬冢，燕數千銜土投穿中而爲之也。梁書、南史皆云：大通三年四月辛巳薨，五月庚辰，葬安寧陵。建康實録注：陳書：岳陽王即位，追尊昭明皇帝陵，在建康縣北三十五里。元和郡縣志：陵在縣東北五十四里查研山。建康志：陵在城東北四十五里賈山前。又南史：杜崱兄弟發安寧陵，以報漆棺之酷，俱不載燕雀銜土成墳事。按燕雀湖，景定志引舊志云，在城東二里走馬橋東，或云今惟政鄉白蕩湖即其地，是宋時已莫定所在要，與查研山、賈山絶不相涉。明人因玄武湖名後湖，遂附會爲前湖，明孫應嶽金陵選勝篇云：明太祖填塞前湖，以爲大内。顧遯園客座贅語又謂，太平門外鍾山下小窪，名燕尾湖。俗且謂前湖大於後湖，不知玄武湖自王安石廢爲田，惟有小池，明初濬之，以貯册庫。趙惟賢後湖志載之，後人不知明初開後湖，而侈談塞前湖爲大内，誤矣。昭明之陵既發掘於杜蔚，復鏟平於明祖，有是理乎？

清涼廣惠寺　温飛卿遊清涼寺詩，此書及景定志俱載之，按温詩非作於金陵也。其詩云：「詩閣曉窗藏雪嶺，畫堂秋水接藍溪。」又有寄清涼寺僧詩云：「檐向玉峯籠夜雪，砌因藍水長秋苔。」此與少陵「藍水玉山」之句，皆作於長安藍田。太平寰宇記云：藍田山，一名玉山。三秦記有川方三十里，其水北流出玉，若金陵之清涼寺，所謂雪嶺、藍溪、玉峯、藍水，何所指乎？且石頭清涼寺，楊吴順義中徐温建，爲興教寺，南唐改石頭清涼大道場。五燈會元：金陵清涼院文益禪師與李主論道，清涼之名始放，南唐温飛卿時，安得先有詩乎？温集一作「清源寺」，考宋敏求長安志，藍田清源寺在輞谷，唐王維表乞施爲寺，即温所詠也。又唐張祜石頭山寺詩不云清涼，又今人不知清涼乃寺名，石頭乃山名，混稱之曰清涼山，亦非也。又考楊吴、南唐以前，唐亦有清涼寺，在幕府山，唐彦謙過清涼寺王導墓下云：「江左風流廊廟人，荒墳抛與梵宫鄰。多年羊虎猶眠石，敗壁貂蟬祇貯塵。萬古雲山同白骨，一庭花木自青春。永思陵下猶凄切，廢屋寒風吹野薪。」又遊清涼寺云：「白雲紅樹路紆縈，古殿長廊次第行。南望水連桃葉渡，北來山枕石頭城。一塵不到心源浄，萬有俱空眼界清。竹院逢僧舊曾識，旋披禪衲爲相迎。」按景定志：宋明帝陵在幕府山西，與王導墳相近，彦謙詩所云陵下即指宋陵，蓋寺可徙置，而陵墓不可動移，據此知唐時清涼寺在幕府山王導墓下，至南唐有所遷改耳。

瓦棺寺　「棺」當作「官」，此書與方輿勝覽誤同，景定志駁之，是也。按梁釋慧皎高僧傳竺法汰傳云：瓦官寺，本是河内山玩墓，王公爲陶處，晉興寧中沙門慧力啓乞爲寺，止有堂塔而已。及汰居之，更拓房宇，修立象業，又起重門。汝南世子司馬綜第去寺近，遂侵掘寺側，重門淪陷，汰不介懷，綜乃感悟，躬往悔謝。傳中所云山玩墓，方志俱未載，明人有阮籍墓之説，程徵君廷祚力辨其妄，謂當是阮孝緒墓，亦無他證。後之修志者補河内山玩墓，削阮籍墓，豈不較有據哉！

昇元寺　宋史五行志云：周廣順初，江南伏龜山圮，得石函，長二尺，廣八寸，中有鐵銘，云：「惟天監十四年秋八月，葬寶公於是。」銘有引曰：「寶公嘗惟偈，大字書於版，〔一〕帛冪之。人欲讀之者，必施數錢乃得，讀訖即冪之。是時，名士陸倕、王筠、姚察而下皆莫知其旨。或問之，云在五百年後。至卒，乃歸其銘同葬焉。」銘曰：「莫問江南事，江南自有馮。乘雞登寶位，跨犬出金陵。子建司南位，安仁秉夜燈。〔一二〕東鄰家道闕，隨虎遇明興。」其字皆小篆，體勢完具。徐鉉、徐鍇、韓熙載皆不能解。及煜歸朝，好事者云：「煜丁酉年襲位，即乘雞也。開寶八年甲戌，江南國滅，是跨犬也。當王師圍其城而曹彬營其南，是子建司南位。潘美營其北，是安仁秉夜燈也。其後太平興國三年，淮海王錢俶舉國入覲，即東鄰也。〔一三〕家道闕，意無錢也。隨虎遇，戊寅年也。」較此益加詳然，言寶公葬伏龜山，與陸倕製銘葬鍾山建塔不合，且詩係唐五律體。五行志雜取小説，恐是坿會於寶公耳。

荊將軍廟

此圖經之謬。按文選廣絶交論注引列士傳但云荊將軍墓，〔一四〕不云名軻。軻爲燕太子客，死於秦，安得有葬溧水之理？

巴東獻武公墓

此書及景定志俱不詳名氏。按南齊書蕭穎胄傳：梁天監元年詔曰：「齊故侍中、丞相、尚書令穎胄，可封巴東郡公，邑三千户，本官如故。」喪還，車駕臨哭渚次，詔曰：「齊故侍中、丞相、尚書令穎胄葬送有期，前代所加殊禮，依晉王導、齊豫章王故事，可悉給。謚曰獻武。」復齋碑録云：齊侍中蕭穎胄碑，梁普通三年立，即此墓碑也。嚴上舍觀江寧金石待訪目誤以齊故尚書令、侍中也。東獻武公碑與齊侍中蕭穎冑碑，誤分爲二。

謝濤墓碑　文見陶宗儀古刻叢鈔，云：濤字明遠，祖瑶字球度，父珙字景山。又有宋臨澧侯劉襲墓誌：泰始六年，葬琅玡之乘武岡。又有唐河東裴昌墓志：元和十五年，窆於上元縣鳳臺山梅嶺岡之東，王鉅文。

永陽敬太妃墓誌銘　此書云：在清風鄉。按古刻叢鈔云：太妃王氏祖粹。父儼。普通元年十一月己卯薨，粤其月戊戌，瘞於琅玡臨沂縣長干里黄鵠山。據此則非清風鄉矣。

韋君碑　今碑題：朝議大夫、檢校國子司業、兼御史中丞吴郡開國男陸長源撰，朝議大夫、尚書兵部郎中、兼侍御史、上柱國竇臮書，貞元三年獻春之月，上元之辰，建造在茅山。

夫人易氏墓誌額　按江寧金石待訪目引天下金石志南唐夫人易氏墓誌蓋，稱蓋字是也。碑有額而墓誌無額，誌外合一石題銜名，所謂蓋也。陶宗儀古刻叢鈔有唐賈水部墓誌額，是前人亦有稱蓋爲額者，然皆誤矣。

祭悟空禪師文　此書云李後主書，非也。陸游入蜀記云：出西門遊清涼廣慧寺，寺距城里餘，舊有德慶堂，在法堂前榜，乃後主撮襟書，石刻尚存，而堂徙於西偏矣。又有祭悟空禪師文，曰：保大九年，歲次辛亥，九月，皇帝以香茶乳藥之奠，致祭於右街清涼寺悟空禪師。按南唐元宗以癸亥歲嗣位，改元保大，當晉出帝之天福八年。至辛亥，實保大九年，當周太祖之廣順元年，則祭悟空者元宗也，建康志以爲後主，非是。

舊經　當作舊圖經。通志藝文略：江寧府圖經六卷。寰宇記引建康圖經。太平御覽有金陵圖、江寧圖、江寧圖經，惜今俱不存。

校勘記

〔一〕蕭循　南史本傳作「蕭脩」，循脩形近，必有一誤。

〔二〕蕭撝　原作「蕭僞」，據周書北史本傳、梁書南史武陵王紀傳及通鑑卷一六五改正。

〔三〕陳文帝天嘉二年破周將賀若敦武陵等六郡復南屬　「天嘉」原作「大嘉」。陳書世祖紀云，天嘉二年「秋七月景午，周將賀若敦自拔遁歸，人畜死者十七、八。武陵、天門、南平、義陽、河東、宜都郡悉平」。今據改。

〔四〕羊曇　原作「洋曇」，據晉書謝安傳、袁山松傳改正。

〔五〕郴行録　「郴」原作「彬」，據宋史藝文志二改正，下同。

〔六〕大將任蠻奴至新林以導北軍之應　「新林」原作「新亭」，今據隋書五行志下改正，陳書後主紀、南史陳本紀下及通鑑卷一七七亦皆作「新林」。

〔七〕咸和四年二月乙未將軍王允之及逸戰於溧陽　「二月」二字原缺、「乙未」作「己未」、「及」作「反」，今皆據晉書成帝紀改正。

〔八〕李湯　原作「李陽」，湯、陽形近致誤，據晉書蘇峻傳改。

〔九〕及於巖山　「及」原作「反」，據晉書蘇峻傳改正。

〔一〇〕陳鵠耆舊續聞　「續」原作「績」，形近致誤，據黄虞稷、倪燦宋史藝文志補改。

〔一一〕大字書於版　「大字」，宋史五行志四作「大事」。

〔一二〕安仁秉夜燈　「安仁」原作「同仁」，安仁謂潘美，下文作「安仁」，不誤，今據宋史五行志四改正。

〔一三〕淮海王錢俶舉國入覲即東鄰也　「東鄰也」三字原缺，據宋史五行志四補正。

〔一四〕按文選廣絶交論注引列士傳但云荆將軍墓　文選卷五五廣絶交論注引列士傳云：「陽角哀、左伯桃爲死友，聞楚王賢，往尋之。道遇雨雪，計不俱全，乃并衣糧與角哀，入樹中死。」未云荆將軍廟，此作「但云荆將軍墓」，未知何據。

重刊宋本六朝事迹編類後跋

六朝都金陵，山川古迹，代有作者，如劉澄之揚州記、樊文深秣陵記、山謙之丹陽記、陶季直京都記、無名氏六朝宫苑記，今並不傳。近人虞山張海鵬重刊唐許嵩建康實録，陽湖孫伯淵重刊宋周應合景定建康志，皆金陵古書之最善者，若夫承實録之後，開景定之先，則有六朝事迹編類一書，不可不急爲流布也。

考六朝事迹編類十四卷，宋紹興中江東安撫幹官張敦頤撰，建康留守韓仲通刊於建康府學，前列敦頤自序云：取吴志、晉書及宋、齊而下史傳，與夫當時之碑記，參訂而考之，雖坿以南唐、北宋之事，然其大旨以六朝爲主，分門類引，體例頗佳，三百餘年之興衰，一展卷而瞭如指掌，各條下多係宋楊修之詩。修之名備，官虞部員外郎，宋景文稱其書訊刺字皆用古文者。嘗著金陵覽古百題詩，每題下注其故事，其書久逸，幸坿此以傳。末爲碑刻門，多爲南宋金石家所未獲見，如陳江總棲霞寺碑、唐玉清觀四等碑、李白貞義女碑，此陳思寶刻叢編未録者也。晉竺使君銘及頌、宋謝濤夫人墓記、齊巴東獻武公碑、梁諸王碑、唐明徵君碑，此王象之輿地碑記目未録者也，景定志引之而未備，元至正金陵新志亦援此立碑碣一門，近嚴上舍觀撰江寧金石記，所載多古人未見，而較此目不及十之二三，其未見者據此書編入待訪目，尤足以資考核，但載吴封禪碑云在常州，自非金陵物，不應録耳。

是書凡十四門，每門爲一卷，宋史藝文志載之卷數亦同，署張養正撰，養正乃敦頤字。宋陳振孫直齋書録解題作二卷，不著撰書人名氏。金陵新志列舊志書目，引此爲六朝事類，省文也，然十四卷本頗難得，即二卷本亦僅存。四庫總目提要亦作二卷。四庫全書考證云：東晉恭帝元熙二年，「二」譌作「元」。梁總叙天監中有州二十有三，脱「三」字，六朝郡國注江陽「陽」譌「涪」，汶山「汶」譌「江」，是亦非善本。明吴琯古今逸史本分上下卷，固非專書，且多譌舛，讀者病之。予向欲求宋槧，逐加補正而不可得。今春從同邑朱述之大令，借得手鈔本十四卷，據云原本亦係舊鈔，向爲曹楝亭家藏，以中多闕宋諱末筆，定爲影宋，每葉十四行，行十六字，景定志載其書二百三十版，此鈔二百三十葉，恰與之合。予因録其副，重付之梓，以冀流傳，即與吴本校對一過。兹本序題次行列敦頤銜名，每卷大題下同，書後列韓仲通序一篇，末葉首題「建康府學開鏤」六字，次有「紹興三十年」等字一行，又題衆官結銜十一行，皆吴本所闕落者，餘吴本譌脱不可殫述。然此本亦尚有誤字，如總叙門吴大帝注云「即位在魏太和七年壬寅歲」，按太和乃魏明帝年號，無七年。三國志魏文帝黄初二年己亥，權納趙咨之言，謂宜改年號，正服色。十一月就吴王位，大赦，改明年壬寅爲黄武元年。後七年至魏明帝太和三年己酉，改元黄龍元年，公卿百司皆勸權正尊號。丙申，即皇帝位。此誤以壬寅，與太和合爲一時，又誤「三」爲「七」也。其載吴之輿地云「據江南盡海，置交廣荆郢四州」，按孫權有揚州治建業，宜曰五州。陽湖洪稚存補三國疆域志作四州者，無郢州也。又云「有郡四十二」，通典作「四十三」，洪作「四十六」，是也。齊「州凡二十有三」，此誤作「二十有二」。梁，注中「夏侯道」，「道」下脱「遷」字；「懸瓠」下脱「彭」字，當作「懸瓠彭城」；「漢川蜀」下當有「川」字。其他異同處，述之爲考證數事，坿識於後，兹並刊之。敦頤，婺源人。紹興八年進士，由南劍州教授歷官知舒、衡二州致仕云。時道光太歲在上章困敦臯月望日，上元張寶德譔。

索　引

凡　例

一、本索引以地名爲主，凡本書地名之條目，均編入索引。

二、有些地名如荆將軍廟(12/162)，而《堉識》考證此荆將軍爲荆軻，爲便於檢索，亦列荆軻廟條。

三、有些條目，雖非地名，但爲了便於檢索，亦一併收入索引。

四、地名下的數字，前者爲卷數，後者爲頁碼。

例如：朱雀航 2/44，表示見於本書第 2 卷第 44 頁。

五、索引後附有《筆畫檢字與四角號碼對照表》，以備不同方法檢索。

0021_2 鹿

0021_4 麾

0022_3 齊

0022_7 方

高

0023_0 卞

0023_1 應

0026_5 唐

0028_6 廣

0060_1 言

0073_2 玄

0080_0 六

0121_1 龍

0292_1 新

0460_0 謝

0463_1 誌

0466_0 諸

0710_4 望

0742_7 郭

0864_0 許

1010_0 二

1010_1 三

1060_2 石

1060_4 西

1071_7 瓦

1080_4 天

1080_6 賈

1111_7 甄

1113_6 蠶

1118_6 頭

1173_2 張

1740_7 子

1740_8 翠

1762_0 司

2022_7 秀

2040_0 千

2040_7 雙

2081_5 雞

2090_1 乘

2110_0 上

2121_2 能

盧

2121_7 虎

2122_1 山

2122_7 儒

2222_1 衛

2590_0 朱

2600_0 白

2692_2 穆

2713_6 蟹

2732_7 烏

2762_0 翻

2790_1 祭

2791_7 紀

絶

2795_4 絳

3780_0 冥

3830_4 邀

3830_6 道

4001_7 九

4003_0 太

4010_0 土

4010_2 左

直

4010_4 臺

4016_1 培

4022_7 南

4023_1 赤

4040_7 李

4064_1 壽

4080_0 大

4090_0 木

6015_3 國

6021_2 四

6044_0 昇

6060_4 固

6066_0 品

6080_4 吴

6090_6 景

6702_0 明

7132_7 馬

7173_2 長

筆畫檢字與四角號碼對照表

本對照表收録索引中的字頭，按筆畫排列，以供習慣於使用筆畫檢字者查索之用。

二畫

二 1010_0
八 8000_0
入 8000_0

三畫

三 1010_1
子 1740_7
千 2040_0
上 2110_0
山 2277_0
土 4010_0
大 4080_0
小 9000_0

四畫

方 0022_7
卞 0023_0
六 0080_0
五 1010_2
王 1010_4
瓦 1071_7
天 1080_4
孔 1241_0
九 4001_7
太 4003_0
木 4090_0
中 5000_6
丹 7744_0

五畫

玄 0073_2
玉 1010_3
平 1040_9
石 1060_2
北 1211_0
司 1762_0
仙 2227_0
生 2510_0
白 2600_0
永 3090_2
左 4010_2
甘 4477_0
未 5090_0
四 6021_2
半 9050_0

六畫

西 1060_4
牝 2251_0
休 2429_0
朱 2590_0
安 3040_4
江 3111_2
冰 3219_0
同 7722_0
竹 8822_0

七畫

言 0060_1
秀 2022_7
佛 2522_7
宋 3090_4
冶 3316_0
沈 3411_2
沖 3510_6
初 3722_0
迎 3730_2

越 4380$_5$
落 4416$_4$
萬 4442$_7$
募 4442$_7$
焚 4480$_9$
棲 4594$_4$
報 4744$_7$
惠 5033$_3$
景 6090$_6$
普 8060$_1$
飲 8778$_2$

十三畫

新 0292$_1$
賈 1080$_6$
甄 1117$_7$
聖 1610$_4$
溧 3119$_4$
幕 4422$_7$
靳 4252$_1$
葛 4472$_7$
楚 4480$_1$
感 5333$_0$
馳 7431$_2$
會 8060$_6$

十四畫

齊 0022$_3$
廣 0028$_6$
誌 0463$_1$
裴 1173$_2$
碧 1660$_2$
翠 1740$_8$
僞 2222$_7$
漢 3418$_5$
臺 4010$_4$
壽 4064$_1$
蔣 4424$_2$
鳳 7721$_0$
銅 8712$_0$
滎 9990$_2$

十五畫

麾 0021$_4$
諸 0466$_0$
衛 2122$_1$
樂 2290$_4$
德 2423$_1$
儀 2825$_3$
潛 3116$_1$
潘 3216$_9$
潮 3712$_0$
緒 4426$_0$
慧 5533$_7$
劉 7210$_0$
閱 7721$_2$
層 7726$_6$
賞 9080$_6$

十六畫

龍 0121$_1$
頭 1118$_6$
醒 1661$_5$
盧 2121$_2$
儒 2122$_7$
穆 2692$_2$
濁 3612$_7$
邀 3830$_4$
蕭 4422$_7$
燕 4433$_1$
薛 4474$_1$
橫 4498$_6$
獨 4622$_7$
靜 5225$_7$
興 7780$_1$
錦 8612$_7$

十七畫

應 0023$_1$
謝 0460$_0$
檀 4091$_6$
藏 4425$_3$
臨 7876$_6$
鍾 8211$_7$

十八畫

覆 1024$_7$
雙 2040$_7$
雞 2081$_5$
翻 2762$_0$
織 2894$_0$
舊 4477$_7$

十九畫

蟹 2713$_6$
瀨 3718$_6$